mon premier QUIZ ANIMAUX

ROUGE & OR

mon premier QUIZ ANIMAUX

ROUGE & OR

ROUGE & OR

Sommaire

L'édition originale de ce livre est parue en 2008 sous le titre *Quiz Whiz*, chez Kingfisher, une marque de Macmillan Children's books, division de Macmillan Publishers Ltd, Londres.

Auteurs : Tom Jackson et Sean Callery

Conforme à la loi n° 49956 du 16 juillet 1949 sur les publications destinées à la jeunesse.

Édition française :

Traduction : Gilles Mourier
Relecture des pages Au temps des dinosaures : Ronan Allain, paléontologue
Réalisation : Atelier Martine Fichter
Coordination : Véronique Roberty et Françoise Laurent

N° d'éditeur : 10154993
ISBN : 978-2-26-140275-5
Dépôt légal : octobre 2009

Imprimé en Chine

Comment utiliser ce livre

Avant tout, prends le temps de bien lire ce qui suit. Ensuite, pour chaque page, lis d'abord le texte d'introduction, puis les différents encadrés. Observe bien les images, elles pourront aussi t'aider. Enfin, à toi de jouer… et de répondre sans faute aux questions figurant à gauche, dans l'encadré !

1. Les questions

L'encadré à gauche regroupe 8 questions couvrant toutes les informations fournies dans la page. Vrai ou faux, lettres dans le désordre, questions pièges… sauras-tu répondre ?

2. Des numéros pour t'aider

Toutes les réponses sont dans la page ! Pour t'aider, le numéro de chaque question renvoie au même numéro (dans un cercle orange) dans l'encadré où se trouve la réponse.

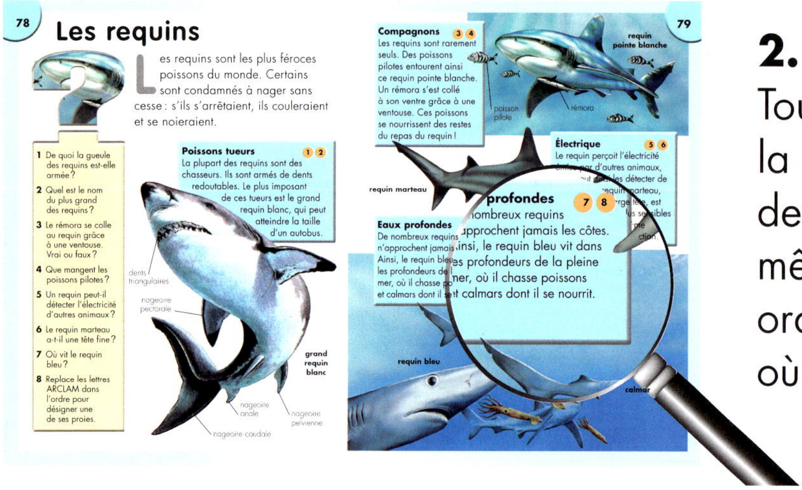

3. As-tu trouvé ?

Lorsque que tu auras répondu à ces questions, vérifie tes résultats à la fin du livre. Toutes les réponses y sont données… à l'envers !

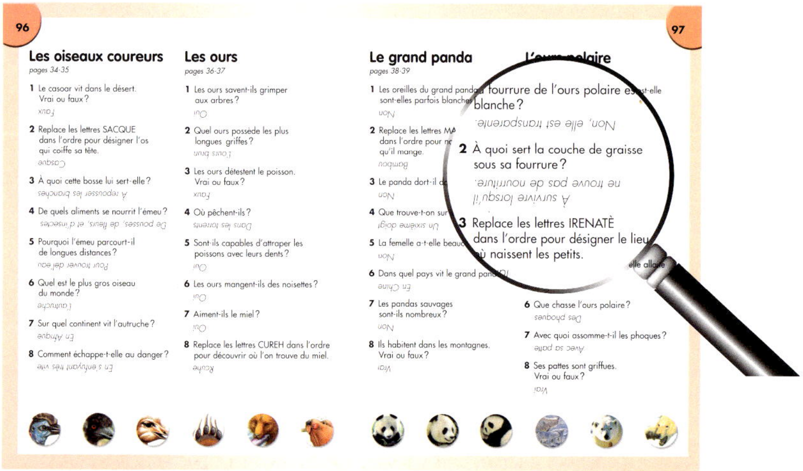

Chapitre 1

Au temps des DINOSAURES

Les dinosaures

Les dinosaures appartiennent au groupe des reptiles. Apparus sur Terre il y a environ 230 millions d'années, ils ont presque tous disparu il y a 65 millions d'années.

1 Que signifie le mot « dinosaure » ?

2 Tous les dinosaures étaient petits. Vrai ou faux ?

3 Combien connaît-on d'espèces ?

4 Pondaient-ils tous des œufs ?

5 Replace les lettres ISARDOUSENS dans l'ordre pour trouver le sujet de cette page.

6 Quels noms désignent les deux grands groupes de dinosaures ?

7 Comment était leur peau ?

8 *Coelophysis* courait-il sur ses quatre pattes ?

Étranges animaux 1 2 3

Dinosaure signifie « terrible lézard ». Certains étaient immenses, bien plus grands que nos reptiles actuels, d'autres de la taille d'un poulet. On connaît aujourd'hui près de 1000 espèces.

La famille 4 5 6 7

On divise les dinosaures en deux grands groupes : les saurischiens (à bassin de lézard) et les ornithischiens (à bassin d'oiseau). Herbivores ou carnivores, ils pondaient tous des œufs et beaucoup avaient une peau écailleuse, comme les crocodiles et les lézards actuels.

Sur deux pattes 8

Coelophysis est l'un des premiers dinosaures chasseurs. Il courait sur ses pattes arrière. Carnivore, il avait de nombreuses dents très tranchantes.

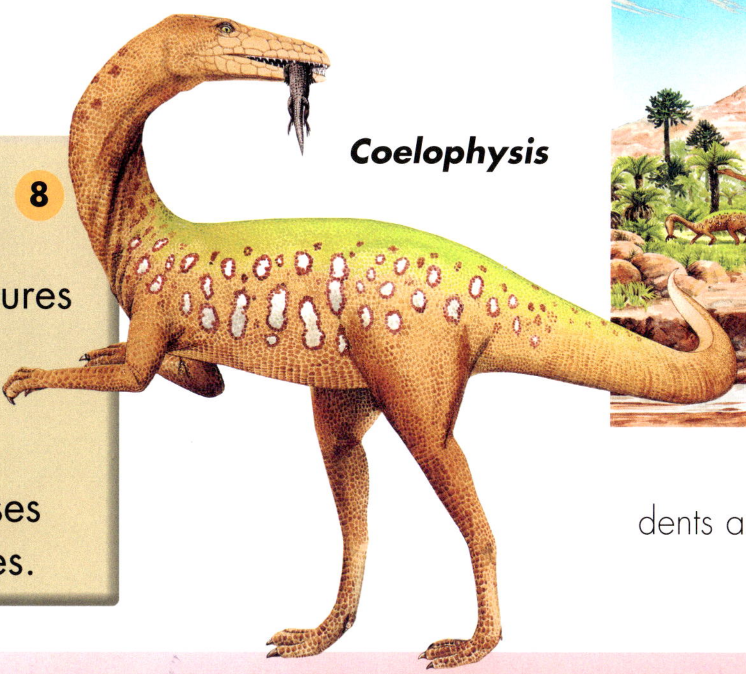

Dinosaures carnivores

Les dinosaures carnivores sont les plus imposants et les plus féroces chasseurs qui aient jamais existé. Ils dépassaient très largement en taille nos girafes et nos éléphants !

1 Où *Allosaurus* vivait-il ?

2 Comment tuait-il ses proies ?

3 Quand *Albertosaurus* a-t-il vécu ?

4 Il se déplaçait lentement. Vrai ou faux ?

5 *Deinonychus* chassait-il de petits animaux ?

6 Chassait-il seul ?

7 Que signifie le mot *Deinonychus* ?

8 Replace les lettres FIGFER dans l'ordre pour désigner une arme redoutable.

Des dents-poignards 1 2

Allosaurus était un redoutable chasseur. Il vivait en Amérique du Nord voici 150 millions d'années. Il tuait ses proies de ses dents tranchantes comme des poignards.

Allosaurus

Il court, il court… 3 4

Albertosaurus vivait dans l'actuel Canada il y a 70 millions d'années. Il poursuivait ses proies à 40 km/heure en courant sur ses pattes arrière.

Albertosaurus

Deinonychus

En meute 5 6

Deinonychus chassait en meute. À plusieurs, ils pouvaient tuer plus facilement leurs proies : des herbivores bien plus grands qu'eux.

De terribles griffes 7 8

Deinonychus signifie « griffe redoutable ». Il déchiquetait ses proies avec sa plus longue griffe, sur son deuxième orteil.

Tyrannosaurus

Tyrannosaurus, le plus redoutable des dinosaures, était aussi haut qu'une maison, et ses dents aussi longues que ton pied ! C'était un chasseur redoutable.

1 *Tyrannosaurus* se nourrissait-il d'animaux morts ?

2 Comment trouvait-il ses proies ?

3 Se tenait-il sur ses pattes avant ou arrière ?

4 *Tyrannosaurus* était un excellent coureur. Vrai ou faux ?

5 Replace les lettres SCORC ÉNERCLES dans l'ordre pour désigner ses terribles armes.

6 Que signifie le mot *Tyrannosaurus* ?

7 Quand a-t-il vécu ?

8 Où a-t-on trouvé le plus grand nombre de fossiles de *Tyrannosaurus* ?

Du flair... 1 2

Tyrannosaurus pistait ses proies grâce à son excellent odorat. Grand chasseur, il se nourrissait aussi d'animaux morts.

Ses armes 3 4 5

Tyrannosaurus se tenait sur ses pattes arrière, mais il ne courait pas très vite. Ses mâchoires étaient armées de longs crocs, crénelés comme des couteaux pour mieux déchiqueter la chair de ses proies.

Un lézard cruel 6 7 8

Tyrannosaurus signifie « lézard tyran ». Il vivait il y a environ 70 millions d'années. La plupart des fossiles que l'on a trouvés proviennent d'Amérique du Nord. Cet animal énorme pouvait mesurer jusqu'à 13 mètres de long !

Dinosaures herbivores

Les plus grands dinosaures se nourrissaient de plantes, de feuilles ou de branches. Certains avalaient des pierres pour broyer les végétaux dans leur estomac.

1 *Apatosaurus* était plus gros qu'une baleine bleue. Vrai ou faux ?

2 Combien mesurait-il ?

3 Replace les lettres TROUGUESSAS dans l'ordre pour trouver le nom d'un herbivore.

4 À quoi servaient les plaques dorsales de *Stegosaurus* ?

5 Que trouvait-on au bout de sa queue ?

6 Que signifie le mot *Triceratops* ?

7 À quoi ses cornes servaient-elles ?

8 Qu'est-ce qui protégeait son cou des morsures ?

Un énorme herbivore 1 2

Apatosaurus est l'un des plus grands dinosaures qui ait existé. Avec ses 23 m de long, il était presque aussi gros que notre baleine bleue.

Apatosaurus

Stegosaurus

Plaques dorsales 3 4

De larges plaques hérissaient le dos de *Stegosaurus*. Elles lui permettaient de réguler sa température : ni trop froid, ni trop chaud !

Triceratops

Se protéger 6 7 8

Triceratops signifie « visage à trois cornes ». Ses trois longues cornes lui servaient à repousser ses assaillants. La large collerette qui entoure son cou le protégeait sans doute des morsures.

Brachiosaurus

Juché sur de longues pattes comme la girafe, *Brachiosaurus* avait aussi un très long cou pour atteindre les feuilles des arbres. Il vivait il y a environ 140 millions d'années.

1 Replace les lettres FLESEULI et HERCBANS dans l'ordre pour désigner la nourriture de *Brachiosaurus*.

2 Ses dents s'usaient lentement. Vrai ou faux ?

3 Où étaient situées ses narines ?

4 Ses narines renforçaient-elles son odorat ?

5 Quel était peut-être leur autre usage ?

6 Combien pesait *Brachiosaurus* ?

7 *Brachiosaurus* était-il petit ?

8 Quelle était sa longueur ?

Mâchoire à broyer 1 2

Brachiosaurus broyait les feuilles et les branches. Ces aliments très durs usaient rapidement ses dents, mais elles repoussaient tout au long de sa vie.

Trous de nez 3 4 5

Les narines de *Brachiosaurus* étaient situées sur une bosse au sommet de son crâne. Peut-être renforçaient-elles son odorat, ou peut-être servaient-elles à émettre des sons puissants.

Un animal encombrant 6 7

Brachiosaurus pouvait peser jusqu'à 30 tonnes, le poids d'un camion géant ! Ce long dinosaure était aussi très haut : il pouvait cueillir des feuilles à 10 mètres du sol !

23 mètres de long

Les reptiles marins

Les océans étaient peuplés de divers groupes de reptiles marins ou amphibiens. La plupart se sont éteints, seules les tortues ont survécu.

1 *Archelon* était une tortue. Vrai ou faux ?

2 Était-elle de petite taille ?

3 Combien pesait-elle ?

4 Quel reptile marin était proche du dauphin ?

5 À quoi ressemblait un plésiosaure ?

6 Que mangeait *Placodus* ?

7 *Globidens* avait des dents plates. Vrai ou faux ?

8 Replace les lettres HOURASONTE dans l'ordre pour nommer un reptile marin aux dents pointues.

Une géante 1 2 3

L'une des premières tortues, *Archelon*, était aussi longue qu'une voiture, et pouvait peser 2 tonnes.

Corps fuselés 4 5

Ces reptiles ressemblaient à nos créatures marines actuelles. L'ichtyosaure était proche du dauphin ; le plésiosaure évoquait un phoque à long cou.

Broyeur de coquilles 6 7

De nombreux reptiles marins se nourrissaient de coquillages. Les dents de *Placodus* (dents plates) et de *Globidens* (dents en boule) pouvaient broyer les coquilles.

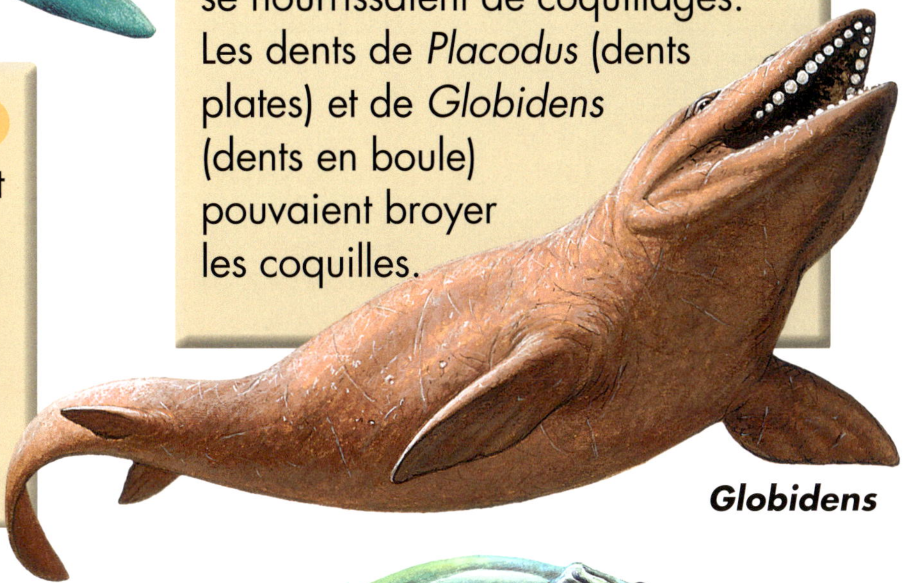

Les reptiles volants

Malgré la ressemblance, les ptérosaures ne sont pas les ancêtres des oiseaux. Ils étaient de proches parents des dinosaures et n'avaient pas de plumes.

1 Que signifie le mot ptérosaure ?

2 Avaient-ils des plumes sur les ailes ?

3 L'aile se tendait sur un doigt. Vrai ou faux ?

4 Où vivaient certains ptérosaures ?

5 Comment attrapaient-ils leurs proies ?

6 *Dimorphodon* était-il capable de courir ?

7 Replace les lettres CENTISES dans l'ordre pour désigner ce qu'il mangeait.

8 Quel est le nom du plus grand animal volant ?

Un doigt ailé (1 2 3)

« Ptérosaure » signifie « reptile volant ». Une membrane de peau tendue sur un très long doigt constituait chacune de leurs ailes.

Pteranodon

Dimorphodon

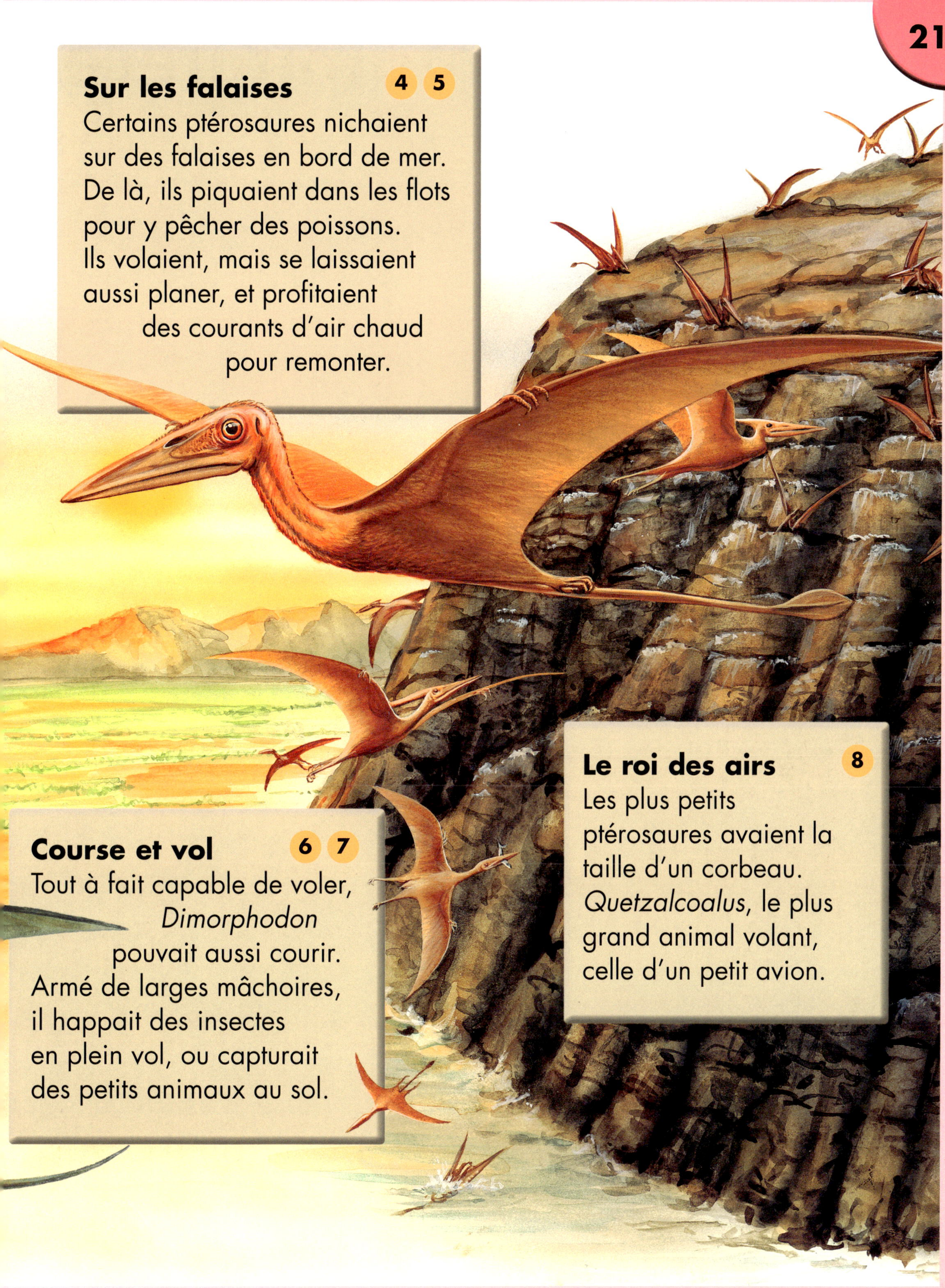

Sur les falaises 4 5

Certains ptérosaures nichaient sur des falaises en bord de mer. De là, ils piquaient dans les flots pour y pêcher des poissons. Ils volaient, mais se laissaient aussi planer, et profitaient des courants d'air chaud pour remonter.

Le roi des airs 8

Les plus petits ptérosaures avaient la taille d'un corbeau. *Quetzalcoalus*, le plus grand animal volant, celle d'un petit avion.

Course et vol 6 7

Tout à fait capable de voler, *Dimorphodon* pouvait aussi courir. Armé de larges mâchoires, il happait des insectes en plein vol, ou capturait des petits animaux au sol.

Premiers mammifères

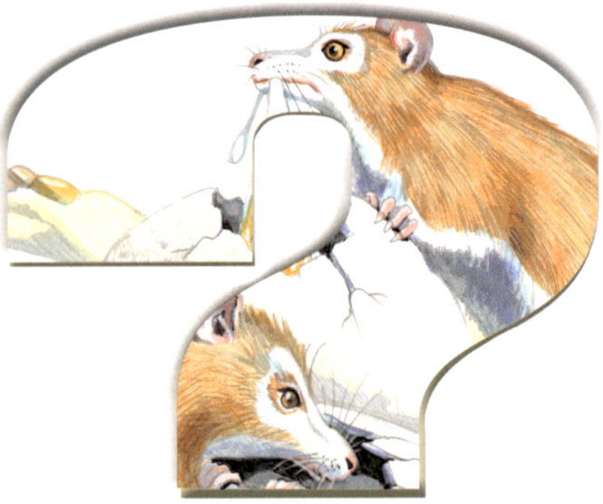

Les mammifères n'ont pas de parenté avec les dinosaures, mais descendent aussi d'un groupe de reptiles. Ils existent depuis environ 220 millions d'années.

1 Replace les lettres RISUPAUMAX dans l'ordre pour désigner une espèce de mammifères.

2 Où grandissent leurs petits ?

3 Trouve-t-on encore des marsupiaux ?

4 Des mammifères vivaient à l'époque des dinosaures. Vrai ou faux ?

5 Ont-ils disparu avec les dinosaures ?

6 Dévoraient-ils les œufs des dinosaures ?

7 Les dinosaures avaient-ils des poils ?

8 Le pelage d'un mammifère lui tient-il chaud ?

Bébés de poche

1 2 3

Les premiers marsupiaux sont apparus il y a 130 millons d'années. Leurs petits se développent dans une poche du ventre de leur mère. De nos jours, des marsupiaux vivent toujours en Australie.

Survivants

4 5

Les petits mammifères vivant à cette époque n'étaient pas des proies faciles pour les dinosaures. Une fois ces derniers disparus, les mammifères sont devenus dominants.

Festin d'œufs

6

Les œufs de dinosaure étaient des aliments de choix pour les mammifères. Certains, aussi grands que des lapins, étaient de taille suffisante pour en briser les coquilles.

Pelage

7 8

Contrairement aux dinosaures, les mammifères portaient des poils qui leur tenaient chaud. Ils ont donc pu survivre ensuite sous des climats bien plus froids.

Au temps des DINOSAURES
Infos-surprises

1 Les dinosaures se sont éteints voici 65 millions d'années, peut-être à la suite de la chute d'une météorite large de 10 kilomètres, au Mexique.

2 Le mot « dinosaure » fut créé en 1842 par un chercheur britannique, Sir Richard Owen.

3 Juste avant l'apparition des dinosaures, les continents ne formaient qu'une seule masse : la Pangée.

4 *Gigantosaurus* est le plus grand dinosaure carnivore. Il mesurait jusqu'à 14 mètres.

5 *Argentinosaurus* est le dinosaure le plus lourd. Il pesait jusqu'à 80 tonnes.

6 Les chercheurs pensent que tous les dinosaures n'ont pas disparu. Certains, en évoluant, sont devenus les oiseaux que nous connaissons aujourd'hui.

7 Le premier dinosaure décrit par les scientifiques est le *Megalosaurus*, présenté par William Buckland en Angleterre en 1824.

8 Le plus petit dinosaure avait la taille d'un poulet.

9 *Pentaceratops*, un dinosaure à cornes, avait la plus grande tête : 3 mètres de long !

10 Le plus intelligent des dinosaures fut sans doute *Troodon*. Par rapport à sa taille, son cerveau était le plus grand de tous.

Chapitre 2

Les animaux DU CIEL ET DE LA TERRE

Les éléphants

L'éléphant d'Afrique est le plus gros animal terrestre. L'éléphant d'Asie est légèrement plus petit. Chassés pour leurs défenses, ils sont aujourd'hui menacés.

1 Qu'est-ce qu'une horde ?

2 Qui a la charge de cette horde ?

3 De quoi sont faites les défenses ?

4 Peut-on dresser un éléphant ?

5 Replace les lettres BHANANIL dans l'ordre pour nommer un célèbre général.

6 Les éléphants se nourrissent-ils de viande ?

7 Ils mangent 16 heures par jour. Vrai ou faux ?

8 Les plantes constituent-elles une alimentation énergétique ?

armée d'Hannibal

Une grande famille (1) (2)

Les éléphants vivent en larges troupeaux, appelés hordes, dirigés par les femelles. À la naissance, les éléphanteaux pèsent plus de 100 kg et tètent le lait de leur mère.

Au travail ! (4) (5)

Les éléphants sont faciles à dresser. Depuis des milliers d'années, l'homme les fait travailler. En 219 av. J.-C., Hannibal, un général carthaginois, traversa les Alpes enneigées avec ses éléphants pour attaquer les Romains.

À table ! (6) (7) (8)

Les éléphants se nourrissent des feuilles des arbres et d'herbe. Ces aliments ne sont pas très énergétiques, il leur faut donc en absorber beaucoup. Ils passent 16 heures par jour à manger.

Les lions

1 Comment appelle-t-on le pelage épais du cou du lion ?

2 Lions et lionnes sont-ils de la même taille ?

3 Qui chasse le plus souvent ?

4 Comment appelle-t-on les bébés lions ?

5 Quels membres de la troupe mangent toujours en premier ?

6 Replace les lettres NEOLINS dans l'ordre pour découvrir qui élève les petits.

7 Un lion ne se bat jamais. Vrai ou faux ?

8 Quel mot désigne son cri ?

Les lions appartiennent à la famille des félins, comme les chats. Ils vivent principalement en Afrique, dans les plaines herbeuses appelées savanes. Ils chassent de gros animaux, tels que les zèbres ou les buffles.

Le roi des animaux 1 2

Les lions sont plus massifs, plus lourds et plus forts que leurs femelles, les lionnes. Une épaisse crinière entoure le cou des mâles.

En famille 3 4 5 6

Les lions vivent en troupes de plusieurs individus : quelques mâles, de nombreuses femelles, et leurs petits, les lionceaux. Les lionnes chassent le plus souvent, mais les lions mangent toujours en premier !

Rester le maître 7 8

Les lionnes s'entraident pour élever les lionceaux. Les mâles combattent les rivaux qui voudraient prendre la tête de la troupe en poussant des cris appelés rugissements.

Les tigres

Les tigres sont les plus grands félins du monde. Ils vivent en Asie et en Sibérie, où ils chassent des animaux tels que cerfs ou buffles. Ils s'attaquent parfois à l'homme, s'ils se sentent menacés.

1 Pourquoi les tigres sont-ils rayés ?

2 Marchent-ils bruyamment ?

3 Replace les lettres SIGRETES dans l'ordre pour nommer la femelle.

4 Combien de temps les jeunes restent-ils avec leur mère ?

5 Les tigres vivent-ils en groupe ?

6 Comment marquent-ils leur territoire ?

7 Les tigres attaquent par surprise. Vrai ou faux ?

8 Comment tuent-ils leur proie ?

Bien camouflés 1 2

Les rayures sombres de leur pelage leur permettent de se cacher dans les herbes. Ils avancent alors en silence sur leurs pattes souples pour mieux surprendre leurs proies.

Grandir 3 4

Les tigresses donnent naissance à deux ou trois petits par portée. Ils se nourrissent d'abord du lait de leur mère, puis apprennent à chasser à ses côtés. Ils vivent avec elle jusqu'à l'âge de deux ans.

Des solitaires 5 6

Les tigres vivent en solitaire. Pour marquer leur vaste territoire, ils griffent les troncs des arbres. Ces entailles indiquent aux intrus de rester à distance.

ffût... l'approche... l'attaque !

Par surprise 7 8

Les tigres se tapissent dans les herbes pour approcher leur proie. Puis ils bondissent, et s'abattent soudain sur leur victime. Ils s'accrochent alors de leurs griffes puissantes et plantent leurs crocs dans sa gorge pour l'étouffer.

Les loups

Les loups sont les plus grands chiens sauvages du monde. Tous les chiens domestiques sont leurs descendants. Ils vivent en groupes, appelés meutes. La plupart habitent les forêts du Canada et de la Sibérie.

1 De quel petit animal, par exemple, les loups se nourrissent-ils ?

2 Pourquoi chassent-ils en meute ?

3 Replace les lettres RURCOI dans l'ordre pour designer un de leurs talents.

4 Quelle vitesse atteignent-ils ?

5 Comment appelle-t-on un groupe de loups ?

6 Seul un couple peut avoir des petits. Vrai ou faux ?

7 Pourquoi les loups hurlent-ils ?

8 À quelle distance s'entend ce cri ?

Des chasseurs 1 2

Les loups chassent seuls de petits animaux comme les lièvres. Mais ils chassent en groupe, sous les ordres du chef de meute, pour tuer des proies plus importantes, des rennes par exemple.

Bons coureurs (3) (4)

Les loups sont capables de courir sur de longues distances, et d'atteindre 45 km/heure ! Grâce à leurs larges poumons et à leur cœur puissant, ils se fatiguent lentement.

Le couple (5) (6)

Une meute suit des règles très strictes. Chaque année, seul le chef de meute et sa louve peuvent avoir des petits. Tous les autres loups s'occuperont des louveteaux.

Hurlements (7) (8)

Par leurs hurlements, les loups communiquent : ils se rassemblent ou indiquent à d'autres de passer au large ! Un tel hurlement s'entend à 10 kilomètres à la ronde.

Les oiseaux coureurs

1 Le casoar vit dans le désert. Vrai ou faux ?

2 Replace les lettres SACQUE dans l'ordre pour désigner l'os qui coiffe sa tête.

3 À quoi cette bosse lui sert-elle ?

4 De quels aliments se nourrit l'émeu ?

5 Pourquoi l'émeu parcourt-il de longues distances ?

6 Quel est le plus gros oiseau du monde ?

7 Sur quel continent vit l'autruche ?

8 Comment échappe-t-elle au danger ?

Tous les oiseaux ne sont pas capables de voler. Certains sont trop gros pour quitter le sol. Leurs ailes sont aussi trop petites, mais leurs longues pattes leur permettent de courir très vite.

Tête dure 1 2 3

Le casoar vit dans les forêts de Nouvelle-Guinée et d'Australie. Sa tête est coiffée d'un casque osseux qui lui permet de repousser les branches sur son chemin.

casoar

Record de vitesse 6 7 8

L'autruche est le plus gros oiseau du monde. Vivant en Afrique, elle pèse 120 kg et mesure jusqu'à 2,75 mètres de hauteur. En cas de danger, elle s'enfuit, et peut atteindre des pointes de vitesse jusqu'à 70 km/heure.

émeu

autruche

Voyageur 4 5

L'émeu est le plus gros oiseau d'Australie. Il se nourrit de pousses, de fleurs, et d'insectes. L'émeu boit beaucoup et voyage parfois sur de longues distances pour trouver de l'eau, en suivant les nuages.

Les ours

La plupart des ours vivent dans les forêts d'Amérique du Nord et d'Asie. Ce sont les plus grands carnivores terrestres. Ils sont capables de se tenir debout, et certains mesurent ainsi jusqu'à 3 mètres de haut.

1 Les ours savent-ils grimper aux arbres ?

2 Quel ours possède les plus longues griffes ?

3 Les ours détestent le poisson. Vrai ou faux ?

4 Où pêchent-ils ?

5 Sont-ils capables d'attraper les poissons avec leurs dents ?

6 Les ours mangent-ils des noisettes ?

7 Aiment-ils le miel ?

8 Replace les lettres CUREH dans l'ordre pour découvrir où l'on trouve du miel.

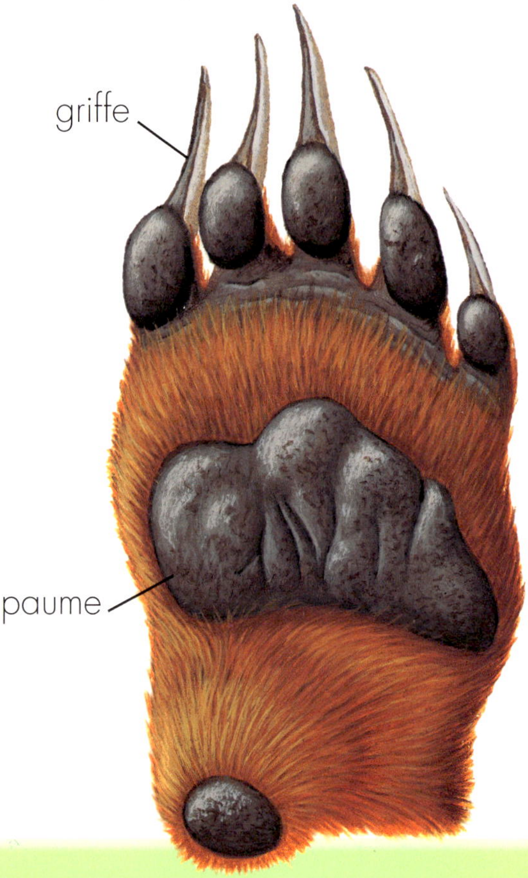

Des griffes bien utiles 1 2

Les ours utilisent leurs longues griffes pour tuer leurs proies, creuser des tanières ou grimper aux arbres. Celles de l'ours brun sont les plus longues : elles mesurent jusqu'à 7 centimètres.

À la pêche 3 4 5

Les ours se régalent de saumons et de truites. Ils s'installent au milieu des torrents et assomment les poissons dans l'eau d'un coup de patte, ou les attrappent au vol de leurs dents aiguisées lorsqu'ils sautent hors de l'eau.

Miam ! 6 7

Les ours aiment aussi les noisettes et les baies, ainsi que le miel. Certains petits ours grimpent aux arbres pour dénicher les ruches. Ils lèchent le miel et avalent même des abeilles !

Le grand panda

Le grand panda appartient à la famille des ours. Il se nourrit de bambou, une plante peu énergétique. Il doit en manger souvent et en grandes quantités, et passe la moitié de son temps à manger.

1 Les oreilles du grand panda sont-elles parfois blanches ?

2 Replace les lettres MAUBOB dans l'ordre pour nommer la plante qu'il mange.

3 le panda dort-il dans une tanière ?

4 Que trouve-t-on sur son poignet ?

5 La femelle a-t-elle beaucoup de petits ?

6 Dans quel pays vit le grand panda ?

7 Les pandas sauvages sont-ils nombreux ?

8 Ils habitent dans les montagnes. Vrai ou faux ?

Drôle de fourrure 1

La fourrure du grand panda est noire et blanche. Ses oreilles, ses pattes et les taches autour de ses yeux sont toujours noirs.

Un faux pouce 3 4 5

Le grand panda n'a pas de tanière : il dort à la belle étoile. Il attrape les pousses de bambou avec un sixième « doigt » situé sur ses poignets. La femelle élève souvent un unique petit qui deviendra adulte à cinq ans.

En danger ! 6 7 8

Les forêts montagneuses de la Chine centrale accueillent les derniers grands pandas vivant en liberté. On en compte aujourd'hui moins de 1000 !

L'ours polaire

L'ours polaire est le plus gros ours du monde. Les mâles peuvent mesurer jusqu'à 3 m de long ! L'ours polaire vit au bord de l'océan Arctique, au pôle Nord. Il chasse ses proies sur la banquise.

1 La fourrure de l'ours polaire est-elle blanche ?

2 À quoi sert la couche de graisse sous sa fourrure ?

3 Replace les lettres IRENATÈ dans l'ordre pour désigner le lieu où naissent les petits.

4 Combien de temps y restent-ils ?

5 Que mange l'ourse lorsqu'elle allaite ses oursons ?

6 Que chasse l'ours polaire ?

7 Avec quoi assomme-t-il les phoques ?

8 Ses pattes sont griffues. Vrai ou faux ?

Blanc comme neige 1 2

Le pelage d'un ours polaire semble blanc, mais il est en fait transparent. Une épaisse couche de graisse sous sa fourrure lui permet de survivre lorsqu'il ne trouve pas de nourriture.

Bien au chaud 3 4 5

C'est en hiver que les oursons naissent, dans une tanière sous la neige. Ils y restent trois à quatre mois et tètent le lait de leur mère. L'ourse ne mange rien jusqu'à ce qu'elle quitte la tanière au printemps, avec ses petits.

Un chasseur 6 7 8

L'ours polaire chasse les phoques qui viennent respirer hors de la glace. Il les assomme d'un coup de patte et les saisit de ses griffes.

Dans la jungle

Un grand nombre d'animaux peuplent les jungles sauvages, au climat humide et chaud toute l'année. Ces immenses territoires naturels sont d'ailleurs appelés forêts tropicales humides.

1 Pourquoi défriche-t-on les jungles ?

2 Comment s'explique la disparition de certains animaux de la jungle ?

3 Les rhinocéros de Java sont-ils nombreux ?

4 Combien de cornes le rhinocéros de Java porte-t-il ?

5 Que mange le toucan ?

6 Replace les lettres BOICLIR dans l'ordre pour trouver le nom d'un oiseau.

7 Le paresseux se déplace la tête en bas. Vrai ou faux ?

8 Où l'ocelot chasse-t-il ?

Des espèces rares 1 2 3 4

De vastes espaces de jungle sont défrichés pour établir des fermes, et les animaux n'ont plus de lieux où vivre. Ainsi, le rhinocéros de Java (*ci-contre*), est aujourd'hui menacé de disparition. Il a la particularité de ne porter qu'une seule corne.

Amazonie 5 6 7 8

Ces animaux habitent la forêt tropicale amazonienne :

A Serpent liane.

B Toucan. Il se nourrit de fruits.

C Colibri.

D Quetzal. Seul le mâle porte une très longue queue de plumes.

E Singe hurleur.

F Paresseux. Il se déplace la tête en bas.

G Vampire.

H Grenouille fraise. Sa peau est venimeuse.

I Ocelot. Il vit dans les arbres mais chasse au sol.

Les singes

Singes et grands singes appartiennent à la famille des primates. Les singes sont de petite taille et possèdent une queue. Les grands singes, eux, sont bien plus imposants et n'ont pas de queue.

1 Où trouve-t-on des gorilles sauvages ?

2 Quel grand singe habite en Asie du Sud-Est ?

3 Quel est le primate le plus répandu au monde ?

4 Quand le singe hurleur lance-t-il son cri ?

5 Quelle est la portée de ce cri ?

6 Où le larynx du singe hurleur est-il situé ?

7 Replace les lettres MILLRAND dans l'ordre pour désigner un singe au visage coloré.

8 À quoi servent ces couleurs ?

Nos cousins 1 2 3

Les grands singes comprennent les gorilles et les chimpanzés d'Afrique, ainsi que les orangs-outans de l'Asie du Sud-Est. Ils sont très rares. Leur cousin, l'être humain, est le primate le plus répandu !

orang-outan

Debout ! 4 5 6

Au petit matin, les singes hurleurs émettent un cri terrible que l'on peut entendre à 3 kilomètres. Dans leur gorge enflée, c'est leur larynx, très puissant, qui leur permet de réaliser cet exploit.

Drôle de tête 7 8

Le mandrill est le plus grand des singes. Il vit dans la jungle africaine. Les couleurs vives que les mâles portent sur leur visage, ainsi que leurs crocs, ont pour but d'effrayer leurs ennemis.

À la ferme

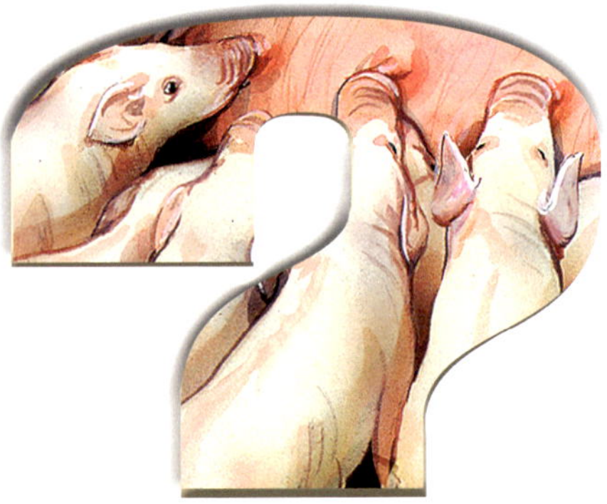

Les animaux des fermes nous fournissent du lait, des œufs, et bien sûr, de la viande. Avec leur peau, on fabrique du cuir ; leurs graisses sont utilisées dans les lotions et les crèmes de beauté.

1 Les coqs pondent-ils des œufs ?

2 Comment appelle-t-on la femelle du coq ?

3 D'où vient la laine ?

4 Quelle race de vaches produit du lait ?

5 Replace les lettres RIEJSIEAS dans l'ordre pour nommer une race de vaches.

6 Quelle est la particularité de la Highland ?

7 Que fabrique-t-on avec la viande des cochons ?

8 Comment appelle-t-on la femelle du cochon ?

La poule (1) (2)

La poule, la femelle, pond des œufs. De ces œufs naissent les poussins. Devenus plus grands, on les appelle des poulets. Le coq, le mâle, est plus gros, mais aussi plus coloré.

Le mouton 3

On élève les moutons pour leur viande. Une fois tondus, leur abondante et chaude toison sert à fabriquer la laine.

La vache 4 5 6

Chaque race de vache a ses particularités : la jersiaise produit du lait ; la Hereford ou la charolaise offrent une viande de qualité ; tout comme la Highland, au long et épais pelage qui la protège du froid.

Le cochon 7 8

On l'élève pour sa viande, vendue sous diverses formes : lard, rôti, rillettes, boudin ou jambon. La truie, la femelle du cochon, donne chaque année naissance à plusieurs petits, les porcelets.

Les chiens

Les chiens sont des animaux domestiques très affectueux. Ces compagnons fidèles et aimés de tous font partie de la famille. Les chiens sont des descendants du loup.

1 Que signifie le mot carnivore ?

2 À quoi les dents des chiens leur servent-elles ?

3 Les chiens n'ont aucun odorat. Vrai ou faux ?

4 Combien une chienne peut-elle avoir de petits en une seule fois?

5 À quel âge un chien est-il adulte ?

6 Quand les chiens ont-ils commencé à vivre avec l'homme ?

7 Qu'est-ce qu'un bâtard ?

8 Replace les lettres DLOBLGU dans l'ordre pour désigner une race.

Des carnivores 1 2 3

Comme le loup sauvage, les chiens sont carnivores : ils se nourrissent de viande. Leurs mâchoires sont puissantes et leurs dents très aiguisées. Ils ont un très bon odorat.

berger des Shetland

La famille 4 5

La femelle du chien s'appelle la chienne, et leur petit le chiot. Elle peut donner naissance à 12 chiots en une seule fois. Un chiot atteint sa taille adulte en deux ou trois ans.

Les races 6 7

Le chien partage la vie des hommes depuis 15 000 ans. Chaque race de chien a ses particularités. Le border collie, par exemple, est un excellent berger, et le fox-terrier, lui, est un bon chien de chasse. Un chien né d'un mélange de races est appelé un bâtard.

basset artésien normand

dalmatien

bulldog anglais 8

fox-terrier

border collie tricolore

Les chats

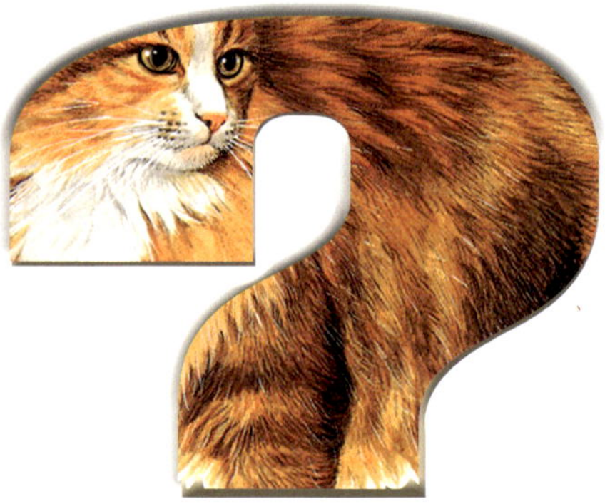

Voici quelques milliers d'années, les hommes ont introduit des chats dans leurs maisons pour chasser les rats et les souris. Ces félins devenus si familiers n'ont pas perdu leur instinct de chasseur !

1 Les chats chassent les oiseaux. Vrai ou faux ?

2 Leurs griffes se rétractent-elles ?

3 Comment la chatte nettoie-t-elle ses chatons ?

4 Que fait un chat content ?

5 De quel animal sauvage est-il un proche cousin ?

6 Certains chats sont blancs. Vrai ou faux ?

7 Ont-ils tous un pelage uni ?

8 Replace les lettres NARPES dans l'ordre pour désigner une race de chats.

Petit chasseur 1 2

Comme le lion et le tigre, les chats sont d'excellents chasseurs. Ils guettent leurs proies, oiseaux et souris, avant de les capturer. Chacune de leurs pattes porte des griffes bien aiguisées, qui peuvent se rétracter.

bengal moucheté

tabby

Boules de poils (3) (4)

La chatte met bas jusqu'à cinq petits, appelés chatons, en une seule fois. Après la naissance, elle les lèche doucement pour les nettoyer, puis les allaite. Les chatons adorent jouer : cela leur apprend à chasser. Les chats ronronnent quand ils sont contents.

Races (5) (6) (7)

Les chats domestiques sont de proches cousins des chats sauvages d'Afrique. Il en existe de très nombreuses races. La plupart des chats domestiques sont blancs, noirs, gris ou roux, avec des poils ras, courts ou longs. Leur pelage est uni, rayé ou moucheté.

Maine Coon

(8) **persan**

Les chevaux

Avant l'arrivée des automobiles et des trains, les attelages de chevaux étaient le principal moyen de transport. De nos jours, certains chevaux travaillent encore, mais la plupart sont destinés aux loisirs

1 Quelle compétition consiste à sauter des haies ?

2 Les haies sont très basses. Vrai ou faux ?

3 Un poulain est-il capable de trotter après sa naissance ?

4 Replace les lettres EARYNIGL dans l'ordre pour nommer les poulains âgés d'un an.

5 Quel est le plus grand cheval ?

6 Où mesure-t-on la taille d'un cheval ?

7 Les chevaux aident-ils à rassembler du bétail ?

8 Qui fait des rondes à cheval ?

Saut en hauteur 1 2

Dans les concours hippiques de saut d'obstacles, le cheval et son cavalier doivent sauter les haies du parcours sans les renverser. Certaines sont plus hautes que le cheval lui-même !

Poulains (3) (4)

La jument est la femelle du cheval, leurs petits sont des poulains.
Ils sont capables de trotter quelques heures après leur naissance. À un an, ils sont appelés « yearling ».

Un cheval imposant (5) (6)

Le cheval Shire est le plus grand au monde. Il peut atteindre 2 mètres au garrot (en haut de l'épaule des pattes avant) et peser aussi lourd qu'une voiture !

Au travail ! (7) (8)

Le cheval aide toujours l'homme à rassembler du bétail ou à transporter des charges, par exemple. Certains policiers font aussi leurs rondes à cheval.

Les crocodiles

Les crocodiles sont de grands reptiles qui peuplent les lacs et les fleuves des pays chauds. Leurs ancêtres sont apparus sur terre voici plus de 200 millions d'années.

1 Pourquoi les crocodiles ont-ils besoin de soleil ?

2 Où les crocodiles se rafraîchissent-ils ?

3 Où se cachent-ils pour guetter leurs proies ?

4 Qu'est-ce qui protège leurs yeux sous l'eau ?

5 Les crocodiles noient-ils leurs proies ?

6 Replace les lettres AORLTIGLA dans l'ordre pour désigner un de leurs cousins.

7 L'alligator a-t-il une gueule fine ?

8 Quand la gueule du crocodile est fermée, une de ses dents dépasse. Vrai ou faux ?

Bain de soleil 1 2

Pour faire le plein d'énergie, bien se développer et digérer, les crocodiles ont besoin de se réchauffer au soleil. S'ils ont trop chaud, ils vont se rafraîchir dans l'eau ou à l'ombre. Trop de chaleur ou pas assez peut ainsi causer leur mort.

À l'affût !

3 4 5

Le crocodile reste à l'affût sous l'eau pour guetter ses proies. Des paupières transparentes protègent ses yeux. Lorsqu'un animal s'approche pour boire, le crocodile bondit hors de l'eau. Il saisit sa victime de ses puissantes mâchoires et l'entraîne sous l'eau pour la noyer.

Alligator

6 7 8

L'alligator, au large museau arrondi, est un proche cousin du crocodile. La gueule du crocodile est plus fine et plus pointue. Lorsqu'elle est fermée, la quatrième dent de sa mâchoire inférieure reste visible.

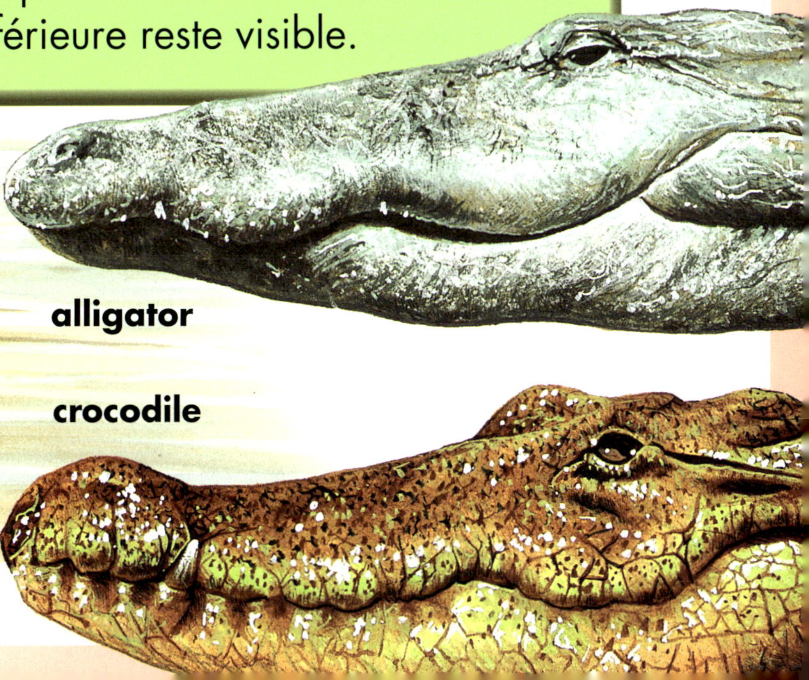

Les serpents

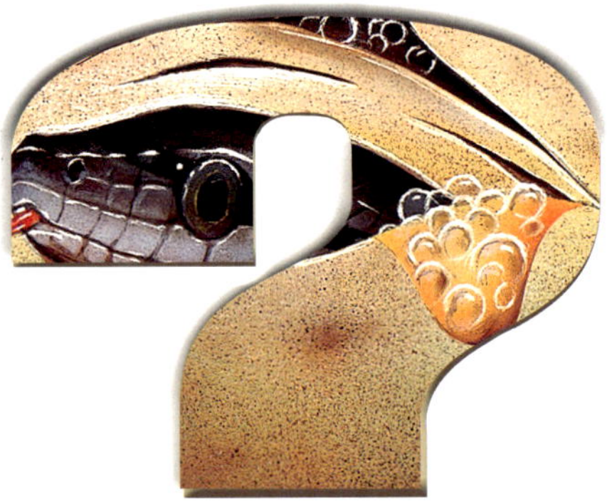

Les serpents sont des reptiles sans pattes. Ils se déplacent en rampant. Il en existe plus de 2 500 espèces, dont la plupart vit dans les pays chauds. Le venin de certains serpents est un terrible poison, souvent mortel.

1 Les œufs de serpent sont-ils rigides ?

2 Comment le bébé serpent sort-il de sa coquille ?

3 Le corps des serpents est couvert d'écailles. Vrai ou faux ?

4 Changent-ils de peau ?

5 Tous les serpents sont-ils venimeux ?

6 Replace les lettres CHORTECS dans l'ordre pour désigner une arme redoutable.

7 Les serpents ont-ils une bonne vue ?

8 Comment repèrent-ils leurs proies ?

Naissance 1 2

La plupart des serpents pondent des œufs. La coquille est souple, et grandit avec le bébé serpent qu'elle contient. Au moment de l'éclosion, le petit la déchire à l'aide d'une dent provisoire située sur son museau.

Peau de serpent

3 4

Le corps des serpents est couvert d'écailles. Lorsque l'animal grandit, cette peau devient trop petite. Il perd alors sa peau qui est remplacée par une nouvelle, à la bonne taille ! On dit que le serpent mue.

Un bon odorat

7 8

Les serpents voient et entendent mal mais ont un très bon odorat. Ils sortent leur langue pour flairer leurs proies. Certains peuvent aussi détecter la chaleur du corps de leur victime, et l'attaquer, même dans le noir.

Morsures

5 6

Certains serpents possèdent des crochets qui servent à injecter du venin à leurs victimes.

Les grenouilles

Les grenouilles appartiennent à la famille des amphibiens, qui vivent aussi bien sur terre que dans l'eau. Il en existe de nombreuses espèces. La plupart sont aujourd'hui menacées du fait de la destruction de leur habitat.

1 Où la grenouille pond-elle ses œufs ?

2 Replace les lettres TADRÊT dans l'ordre pour découvrir à quoi les œufs donnent naissance.

3 Les têtards respirent-ils ?

4 Quand les grenouilles sortent-elles de l'eau ?

5 Pourquoi certaines grenouilles sont-elles de couleurs vives ?

6 Où vivent ces grenouilles ?

7 Une petite grenouille peut faire des bonds de plus d'un mètre. Vrai ou faux ?

8 Comment la grenouille se dirige-t-elle durant le saut ?

Cycle de vie 1 2 3 4

A La grenouille pond des milliers d'œufs, appelés frai, dans les rivières et les étangs.
B Les œufs donnent naissance à des têtards, sans pattes, mais capables de respirer.
C Les têtards se transforment en grenouilles petit à petit.
D La grenouille, devenue adulte, s'aventure hors de l'eau.

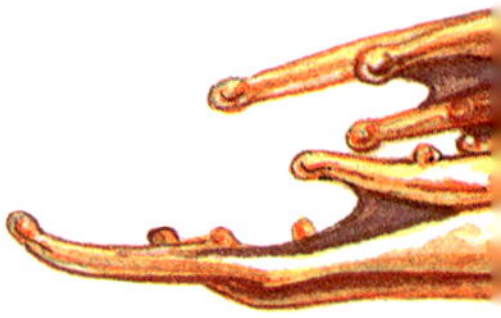

Grenouilles venimeuses

5 6

Certaines grenouilles sont très toxiques. Leur corps vivement coloré signale à leurs prédateurs qu'elles ne sont pas bonnes à manger. Ces grenouilles vivent dans les jungles d'Amérique latine.

Surdouée

7 8

Les pattes arrière de la grenouille sont très puissantes et lui permettent de bondir. Même la plus petite peut faire des bonds de plus d'un mètre. Pour se diriger en plein saut, la grenouille utilise ses pattes palmées.

Les insectes

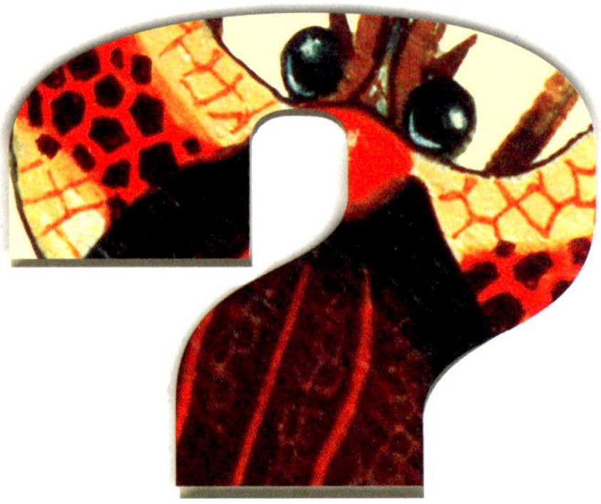

Avec près d'un million d'espèces, la grande famille des insectes est la plus variée du monde animal. La coccinelle ou la cigale en font partie, mais pas les araignées, qui forment un groupe à part.

1 Les insectes ont-ils des os ?

2 Leur corps est divisé en 2 parties. Vrai ou faux ?

3 La punaise d'eau géante nage-t-elle avec ses pattes ?

4 Comment attrape-t-elle les poissons ?

5 À quoi servent les mandibules du lucane ?

6 Replace les lettres NANSTENE dans l'ordre pour désigner des éléments communs à tous les insectes.

7 Combien de pattes ont les insectes ?

8 Ont-ils des ailes ?

Le corps (1) (2)

Les insectes n'ont pas d'os, mais une peau dure qui leur donne leur forme. Leur corps est divisé en trois parties : la tête, le thorax et l'abdomen.

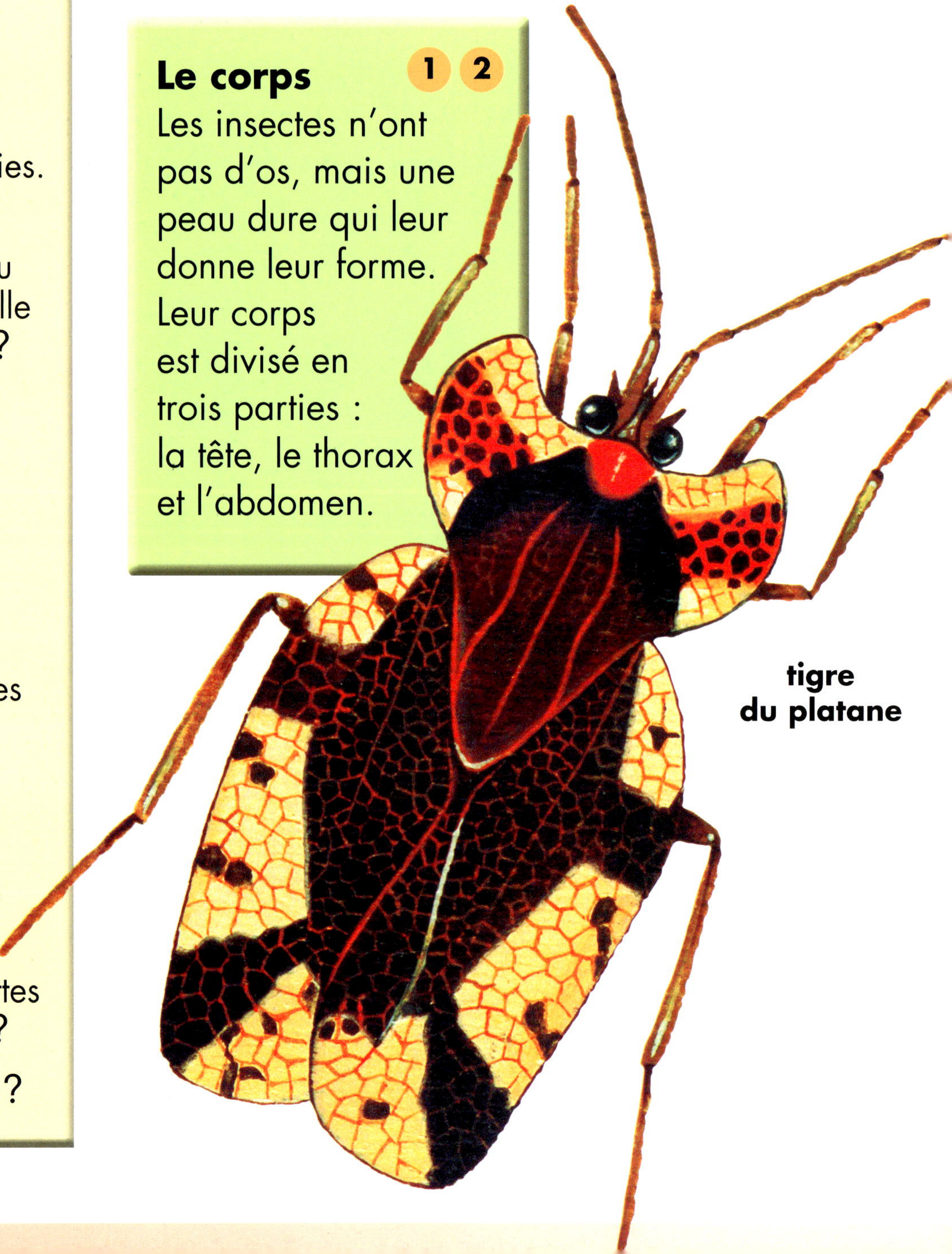

tigre du platane

Pattes griffues

3 4 5

La punaise d'eau géante a des pattes velues qui l'aident à nager. Munies de griffes, elles lui permettent aussi de capturer des poissons. Les mandibules du lucane lui servent à se battre.

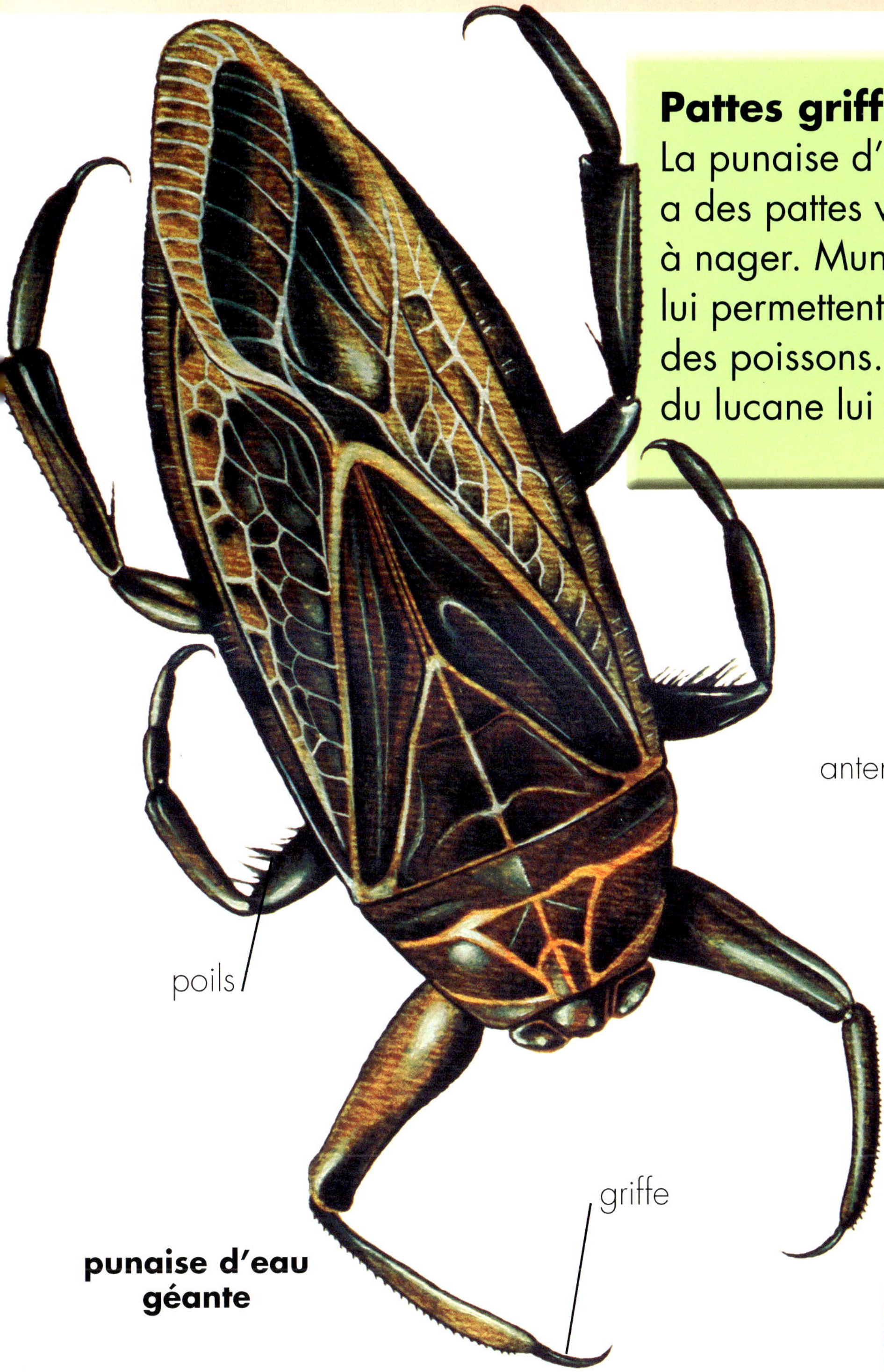

punaise d'eau géante

coccinelle

Pattes et ailes

6 7 8

Tous les insectes ont deux yeux, deux antennes, six pattes et quatre ailes. Chez certains, la première paire d'ailes est dure. Ces élytres protègent la seconde paire qui, elle, permet de voler.

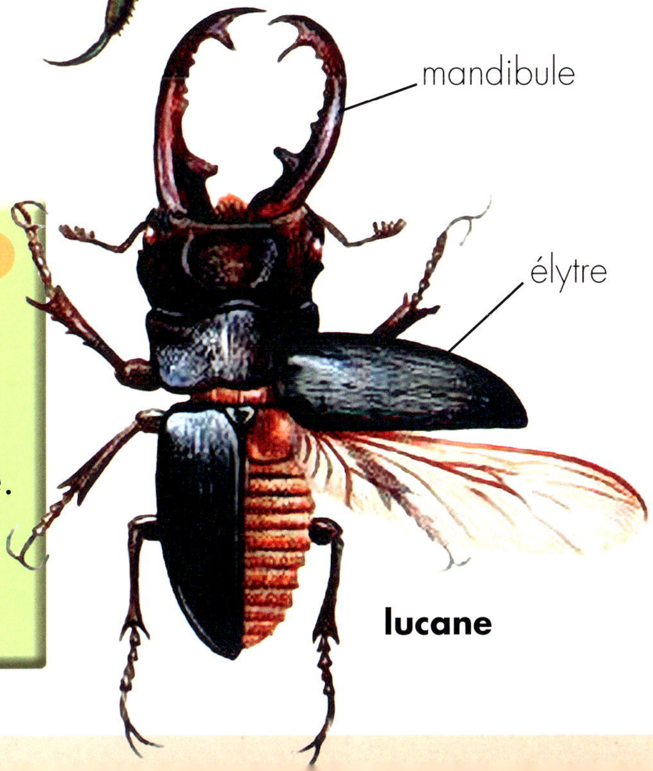

lucane

Les fourmis

Des milliers de fourmis vivent dans une même fourmilière. Chacune de ces colonies a une reine, qui est la seule à pondre. De ces œufs naissent des fourmis qui travaillent toute leur vie pour la reine.

1 Où vivent les fourmis tisserandes ?

2 Comment appelle-t-on les bébés fourmis ?

3 Que fabriquent-elles pour coller les feuilles ?

4 Quelles fourmis défendent la fourmilière ?

5 De quelles armes ces défenseurs disposent-ils ?

6 Quelles fourmis fournissent la nourriture ?

7 Les fourmilières sont souvent sous terre. Vrai ou faux ?

8 Replace les lettres EPPU dans l'ordre pour nommer le cocon.

Nid de feuilles (1) (2) (3)

Les fourmis tisserandes vivent dans les arbres, où elles construisent des nids de feuilles. Elles tiennent dans leurs mandibules des larves (bébés fourmis) qui fabriquent une soie gluante permettant de coller les feuilles entre elles.

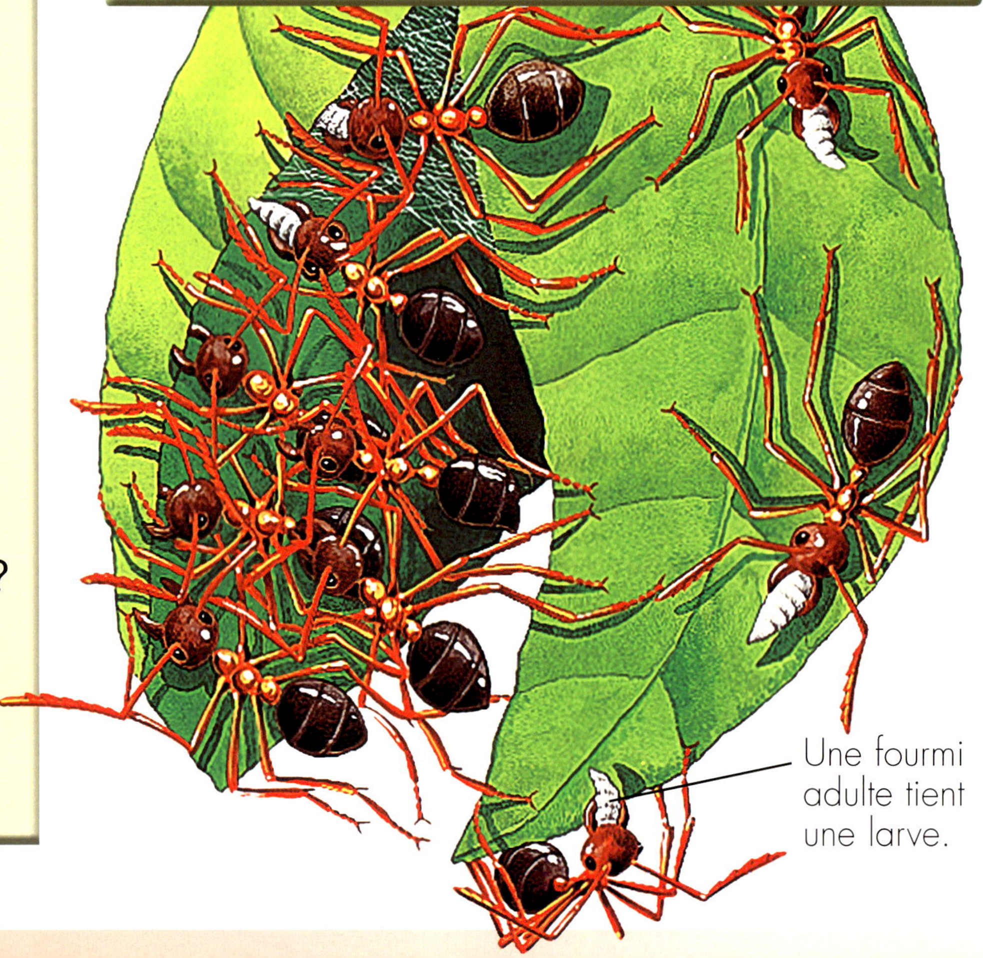

Une fourmi adulte tient une larve.

Forces de défense

4 5

Dans la fourmilière, les fourmis soldats protègent la reine. Elles sont armées de redoutables mandibules tranchantes et d'un aiguillon.

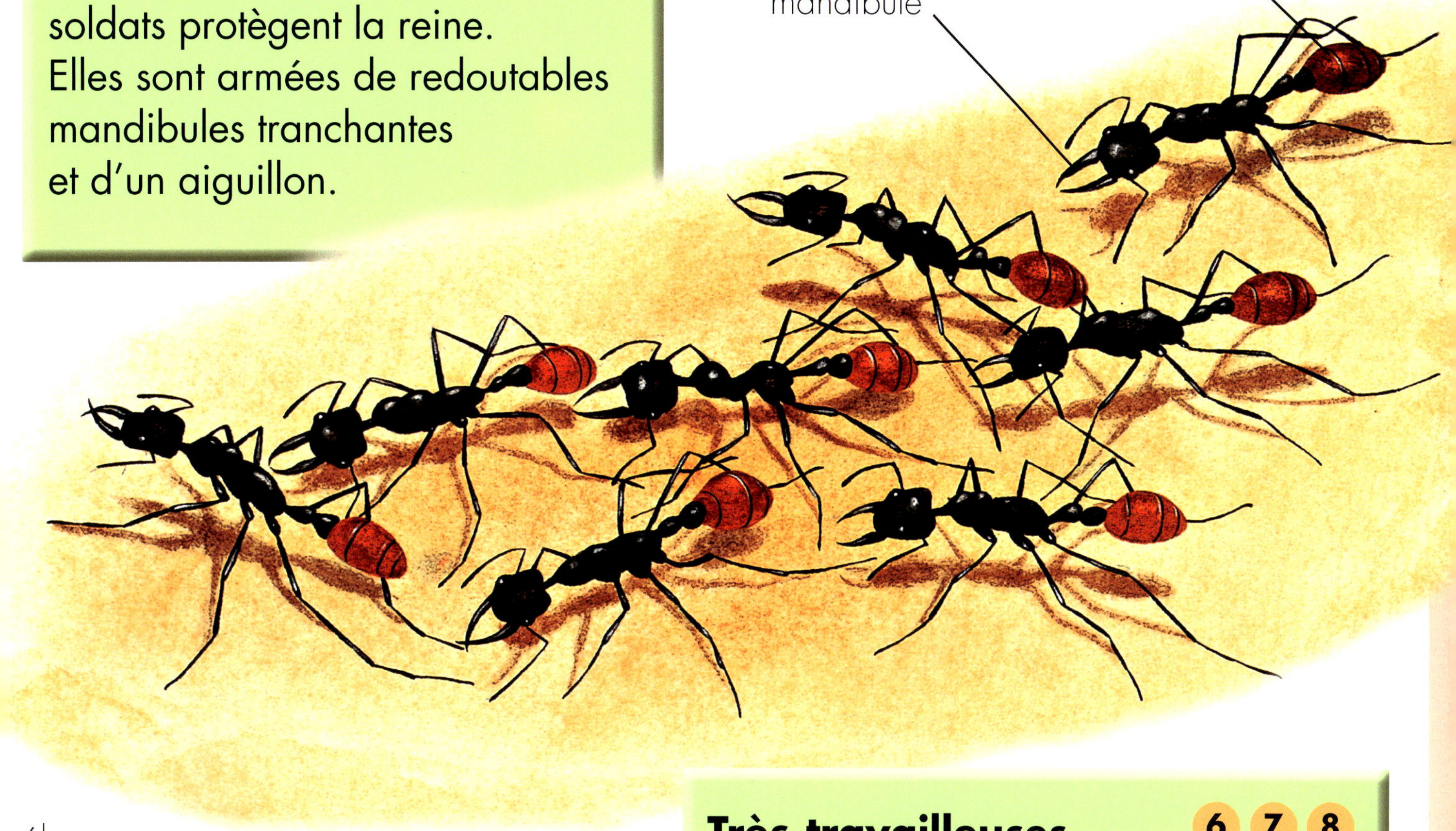

Très travailleuses

6 7 8

Les fourmis ouvrières fournissent la nourriture, ou élèvent les jeunes dans la fourmilière, souvent creusées sous terre. Les œufs se transforment en larves, puis en pupes ; de ces cocons sortent peu après des adultes.

Les papillons

Les papillons sont des insectes délicats aux grandes ailes très colorées. En été, on les voit voler et butiner les fleurs des champs et des jardins.

1 Les papillons pondent-ils des œufs ?

2 Que mangent les chenilles ?

3 Quel nom porte le cocon de soie qu'elles tissent ?

4 Replace les lettres AUQORMEN dans l'ordre pour désigner un papillon.

5 Un papillon de nuit vit le jour. Vrai ou faux ?

6 Les papillons de jour sont-ils plus colorés ?

7 Combien le papillon a-t-il d'ailes ?

8 Comment s'appelle la bouche d'un papillon ?

Quelle métamorphose ! 1 2 3

Le papillon pond des œufs d'où naissent des larves, les chenilles. La chenille se nourrit de feuilles et de fruits, puis tisse autour d'elle un cocon de soie : la chrysalide. Là, elle se transforme lentement pour devenir un papillon.

chenille

monarque 4

vulcain

Papillons de nuit 5 6

Certains papillons ne vivent que la nuit ! Pour se cacher, et ainsi se protéger, leurs couleurs sont sombres. Les papillons qui vivent le jour portent des motifs souvent très colorés.

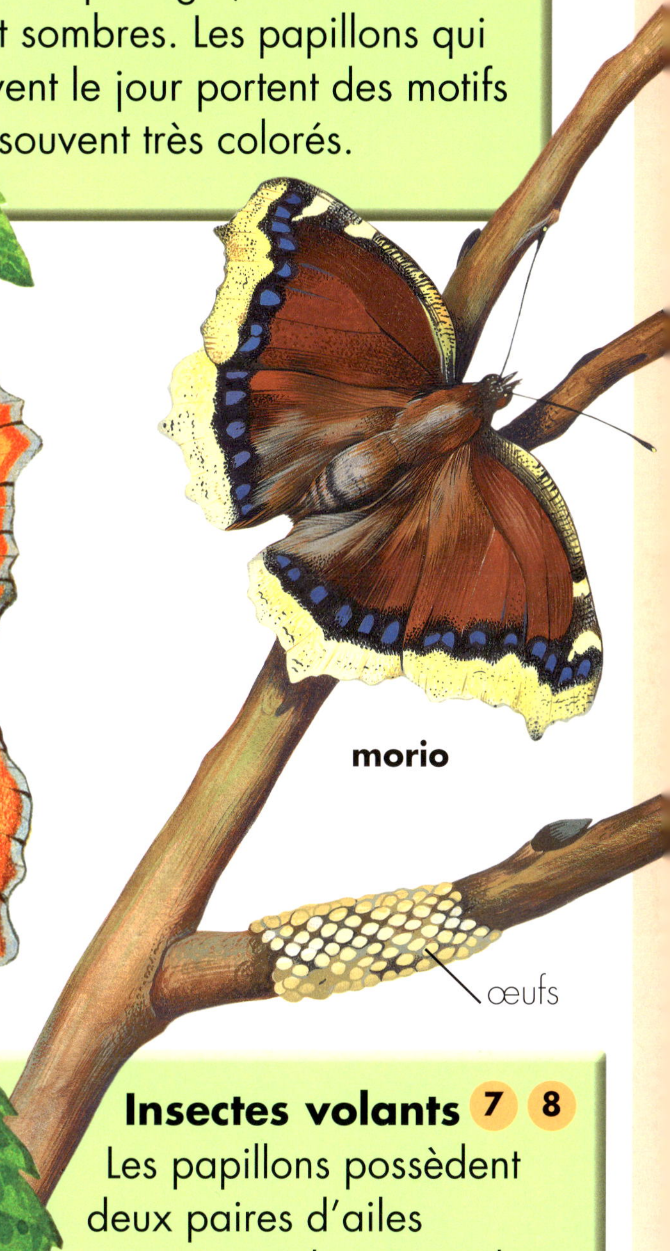

Insectes volants 7 8

Les papillons possèdent deux paires d'ailes recouvertes de minuscules écailles fines et colorées. Ils ne se nourrissent que de liquides (jus des fruits, suc des plantes) qu'ils sucent grâce à un long tube. Cette trompe leur sert de bouche.

Les oiseaux

1 À quoi sert le bec des oiseaux ?

2 Un bec crochu permet de fouiller le sol. Vrai ou faux ?

3 Les oiseaux sont-ils de bons parents ?

4 Où les oiseaux bâtissent-ils leur nid ?

5 Comment la femelle garde-t-elle ses œufs au chaud ?

6 D'autres animaux portent des plumes. Vrai ou faux ?

7 Les plumes sont-elles lourdes et fragiles ?

8 Replace les lettres PADREURÉT dans l'ordre pour trouver qui est effrayé par les plumes colorées de certains oiseaux.

Il existe près de 10 000 espèces d'oiseaux. Ils possèdent tous des ailes, un bec et des plumes. Ils sont presque tous capables de voler. Certains voyagent sur de très longues distances pour se nourrir ou pour se reproduire.

Un bec pour manger 1 2

Les oiseaux se servent de leur bec pour attraper et avaler leur nourriture. Certains becs sont crochus et permettent de déchiqueter la viande, par exemple. D'autres sont longs, pour mieux fouiller le sol à la recherche de vers. Les oiseaux utilisent aussi leur bec pour lisser leurs plumes.

Nid douillet

3 4 5

Les oiseaux sont d'excellents parents. Ils construisent leur nid en lieu sûr. La femelle se couche sur ses œufs pour les garder au chaud jusqu'à l'éclosion : elle les couve. Les parents alimentent les oisillons jusqu'à ce qu'ils puissent se nourrir seuls.

Plumes

6 7 8

Les oiseaux sont les seuls animaux qui possèdent des plumes. Légères et résistantes, elles leur permettent de voler et leur tiennent chaud. Très colorées, elles effrayent les prédateurs ; grises ou marron, elles permettent à l'oiseau de mieux se cacher dans son environnement.

Les animaux DU CIEL ET DE LA TERRE

Infos-surprises

1 L'animal terrestre le plus lourd est l'éléphant d'Afrique. Il peut peser jusqu'à 6 tonnes.

2 Le plus grand animal du monde est la girafe. Elle peut atteindre 6 mètres de hauteur.

3 Le nombre d'espèces d'insectes est estimé à près de 1 million.

4 Le plus grand papillon se nomme Reine Alexandra. Son envergure est d'environ 30 centimètres.

5 L'animal terrestre le plus rapide est le guépard. Il peut courir jusqu'à 100 kilomètres à l'heure.

6 Le plus petit des reptiles connu est le Jaragua Sphaero, une espèce de lézard. Il mesure à peine 1,6 centimètre.

7 L'animal terrestre qui vit le plus longtemps est la tortue géante. Certaines atteignent 200 ans.

8 Le plus petit mammifère est une musaraigne, Pachyure étrusque. Il ne mesure que 6 centimètres, queue comprise.

9 Le plus petit oiseau est le colibri d'Hélène. Il mesure moins de 6 centimètres et ne pèse que 2 grammes.

10 Le plus petit cheval est le Falabella. Il mesure moins de 80 centimètres de haut !

Chapitre 3

Les animaux DE LA MER

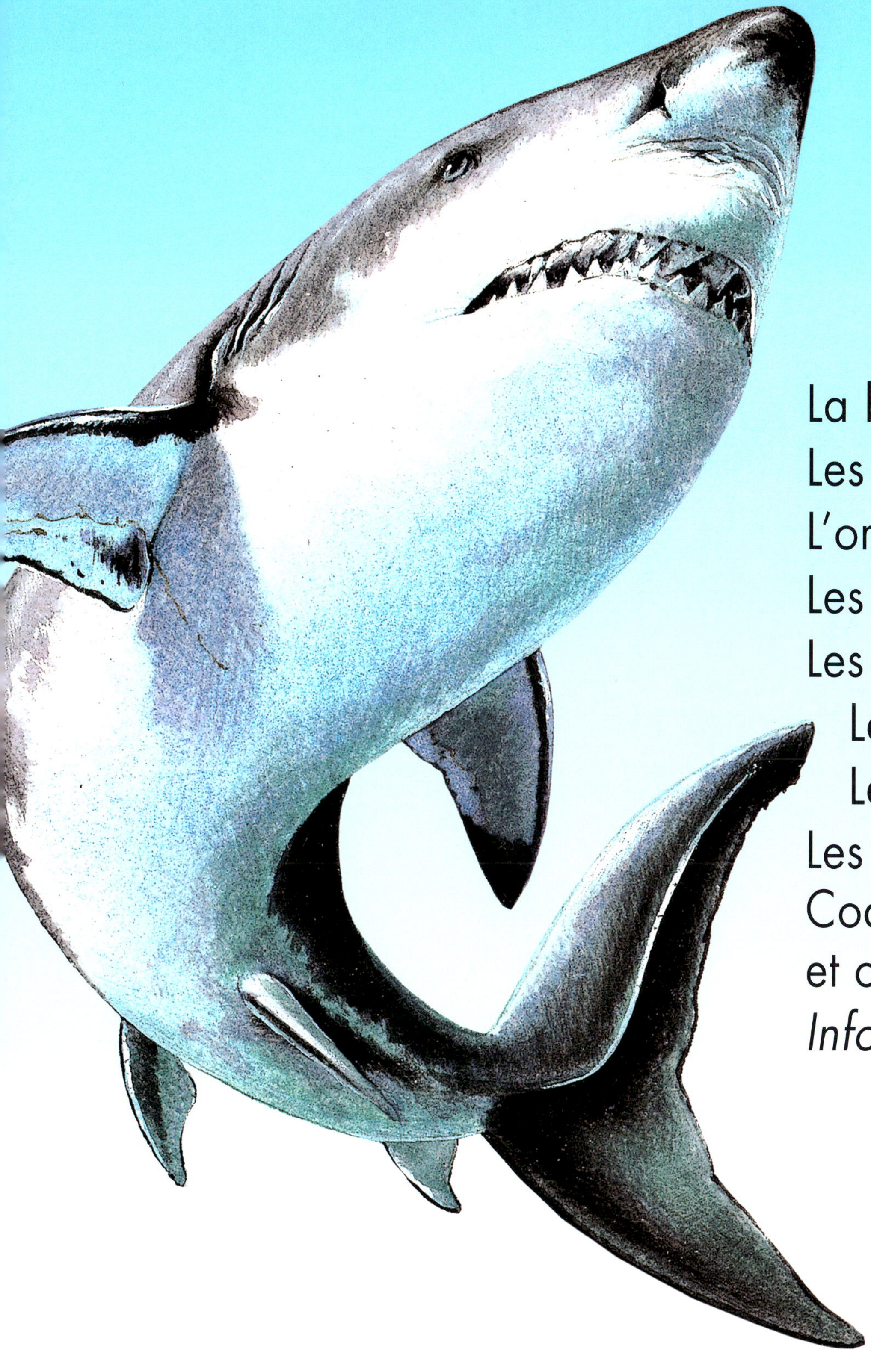

La baleine bleue

La baleine bleue est le plus gros animal qui ait jamais vécu. Ses yeux ont la taille d'un pamplemousse et sa tête est aussi longue qu'un autobus !

1 La baleine bleue est un poisson. Vrai ou faux ?

2 Comment s'appelle la narine située sur sa tête ?

3 À quoi peut-on comparer son poids ?

4 Quelle quantité de nourriture peut-elle avaler en un jour ?

5 De quoi se nourrit-elle ?

6 Replace les lettres SONFAN dans l'ordre pour désigner les brosses situées dans sa bouche.

7 Comment s'appelle le petit de la baleine ?

8 Sait-il nager ?

Un poisson ? 1 2

La baleine bleue n'est pas un poisson mais un mammifère marin. Elle respire par une énorme narine, ou évent, située au sommet de sa tête. Elle donne naissance à des petits qu'elle allaite.

Géante des mers 3 4

La baleine bleue est aussi lourde qu'un troupeau de 30 éléphants. Elle est capable d'avaler quatre tonnes de nourriture par jour.

Baleine à fanons 5 6

La baleine bleue se nourrit de minuscules crevettes, le krill. Elle aspire d'énormes quantités d'eau, qu'elle rejette à travers ses fanons, sortes de grandes brosses qui retiennent le krill.

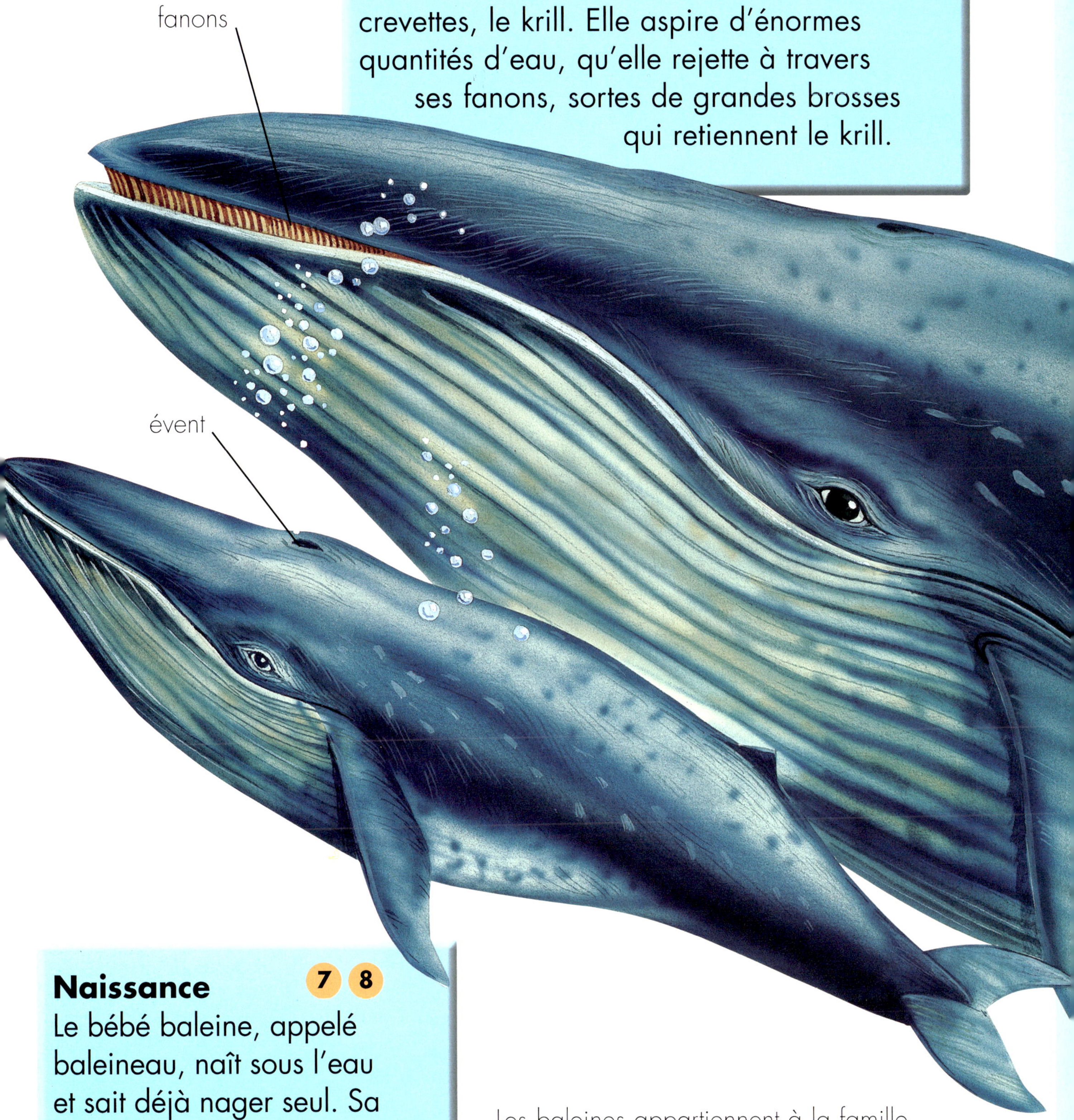

Naissance 7 8

Le bébé baleine, appelé baleineau, naît sous l'eau et sait déjà nager seul. Sa mère le pousse aussitôt vers la surface pour qu'il respire.

Les baleines appartiennent à la famille des cétacés. La baleine bleue, chassée en trop grande quantité par l'homme, est aujourd'hui menacée.

Les dauphins

Il existe de nombreuses espèces de dauphins. Ces mammifères marins nagent en troupe dans toutes les mers de la planète. Certains vivent dans les rivières.

1. Où se trouve le melon du dauphin ?
2. Le melon est une sorte de radar. Vrai ou faux ?
3. À quoi sert-il ?
4. Le corps du dauphin ressemble-t-il à celui d'un poisson ?
5. Grâce à quoi les dauphins sont-ils de grands nageurs ?
6. Les dauphins sont-ils joueurs ?
7. Chassent-ils seuls ?
8. Replace les lettres VENÉT dans l'ordre pour désigner ce qui leur permet de respirer.

Au radar 1 2 3

La partie bombée du front des dauphins, ou melon, est un radar qui leur permet de communiquer, de repérer leurs proies et de se diriger.

Pirouettes

4 5 6

Grâce à leur corps fuselé comme celui des poissons, les dauphins sont de grands nageurs. Très agiles, ils aiment beaucoup jouer.

dauphin commun

À la chasse !

7 8

Les dauphins se nourrissent de poissons qu'ils chassent en groupe. Ils remontent à la surface pour respirer grâce à leur évent.

L'orque

Surnommée « baleine tueuse », l'orque appartient en fait à la famille des dauphins. Imposante et puissante, elle vit dans la plupart des océans.

1 L'orque chasse-t-elle des baleines ?

2 Replace les lettres ÉDAPLAUR dans l'ordre pour désigner l'autre nom de l'orque.

3 Les orques vivent-elles en groupe ?

4 Qui possède un aileron dorsal recourbé ?

5 L'aileron dorsal du mâle est petit. Vrai ou faux ?

6 À quoi reconnaît-on une orque ?

7 Peut-on dresser les orques ?

8 Les orques sont-elles capables de bondir hors de l'eau ?

Terrible chasseur 1 2 3

L'épaulard, autre nom de l'orque, est un redoutable chasseur de phoques, de poissons, et même de baleines. Les orques vivent, voyagent et chassent en groupe.

Aileron

4 5 6

L'aileron dorsal de la femelle est recourbé, celui du mâle est plus pointu et plus grand. On reconnaît chaque orque à la forme de son aileron.

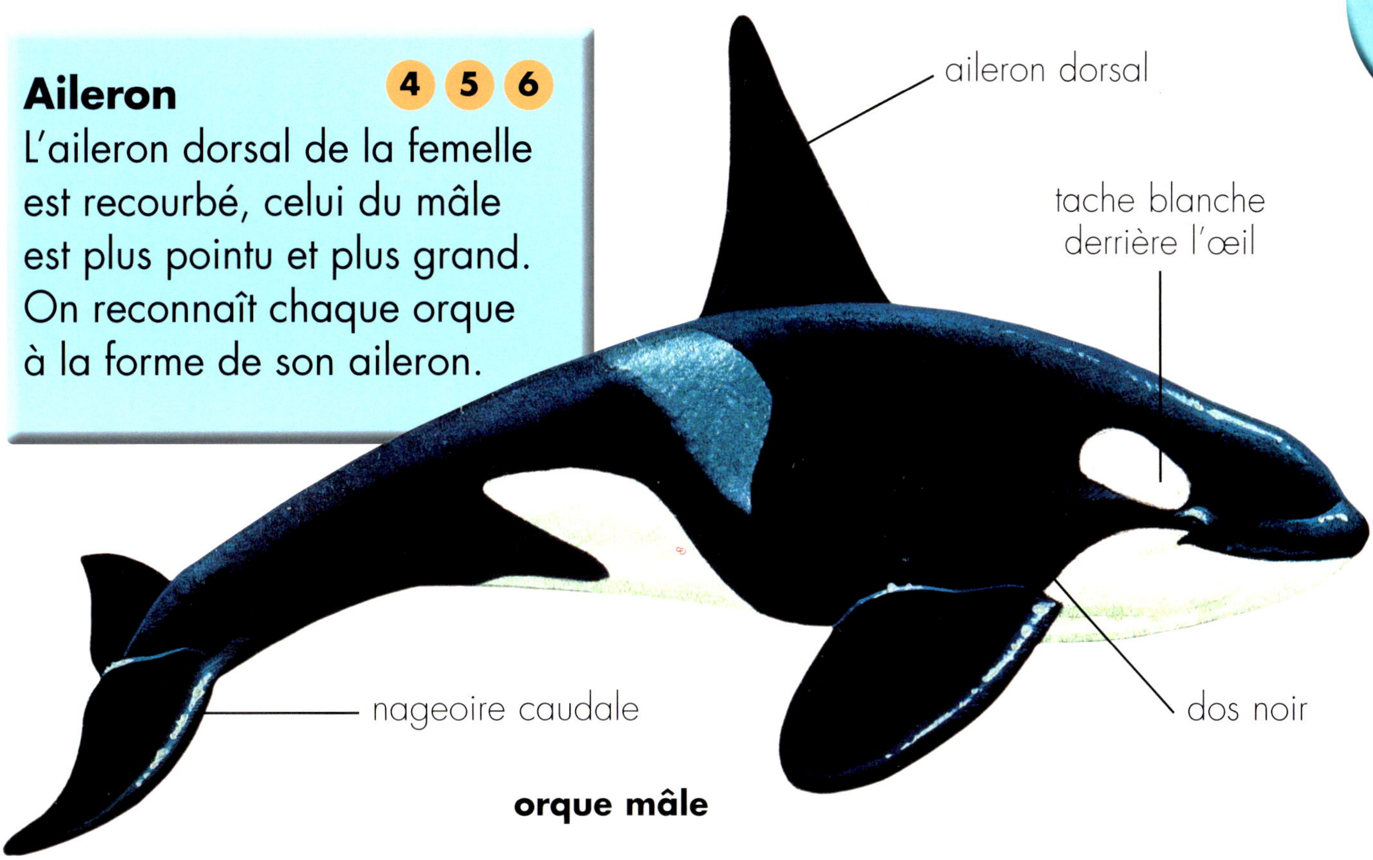

orque mâle

Dressage

7 8

Les orques peuvent être dressées. Et malgré leur taille (environ 7 m de long), elles savent bondir très haut hors de l'eau.

Les phoques

Les phoques sont des mammifères marins. Ils vivent principalement dans l'eau et sont d'excellents nageurs. À terre, il se déplacent avec difficulté, en rampant ou en glissant.

1 Les bébés phoques savent-ils nager ?

2 Pourquoi leur pelage est-il blanc ?

3 L'éléphant de mer est le plus grand des phoques. Vrai ou faux ?

4 L'éléphant de mer est-il plus grand qu'une voiture ?

5 Pourquoi est-il appelé ainsi ?

6 À quoi reconnaît-on un phoque du Groenland ?

7 Replace les lettres SCUCATRÉS dans l'ordre pour désigner un de ses aliments.

8 Le phoque du Groenland chasse-t-il en groupe ?

Camouflage 1 2

Les bébés phoques ne savent pas nager. Ils vivent sur la banquise. Leur pelage blanc et duveteux se confond avec la glace, mais ne les protège pas toujours des chasseurs de fourrure.

Éléphant de mer 3 4 5

L'éléphant de mer est le plus grand des phoques. Le mâle est de la taille d'une voiture tout terrain. Il doit son nom au grand nez du mâle, qui rappelle la trompe d'un éléphant.

Un gros mangeur 6 7 8

On reconnaît le phoque du Groenland aux deux larges taches noires sur son corps. C'est un très gros mangeur de poissons et de crustacés, qu'il chasse seul.

Les requins

Les requins sont les plus féroces poissons du monde. Certains sont condamnés à nager sans cesse : s'ils s'arrêtaient, ils couleraient et se noieraient.

1 De quoi la gueule des requins est-elle armée ?

2 Quel est le nom du plus grand des requins ?

3 Le rémora se colle au requin grâce à une ventouse. Vrai ou faux ?

4 Que mangent les poissons pilotes ?

5 Un requin peut-il détecter l'électricité d'autres animaux ?

6 Le requin marteau a-t-il une tête fine ?

7 Où vit le requin bleu ?

8 Replace les lettres ARCLAM dans l'ordre pour désigner une de ses proies.

Poissons tueurs 1 2

La plupart des requins sont des chasseurs. Ils sont armés de dents redoutables. Le plus imposant de ces tueurs est le grand requin blanc, qui peut atteindre la taille d'un autobus.

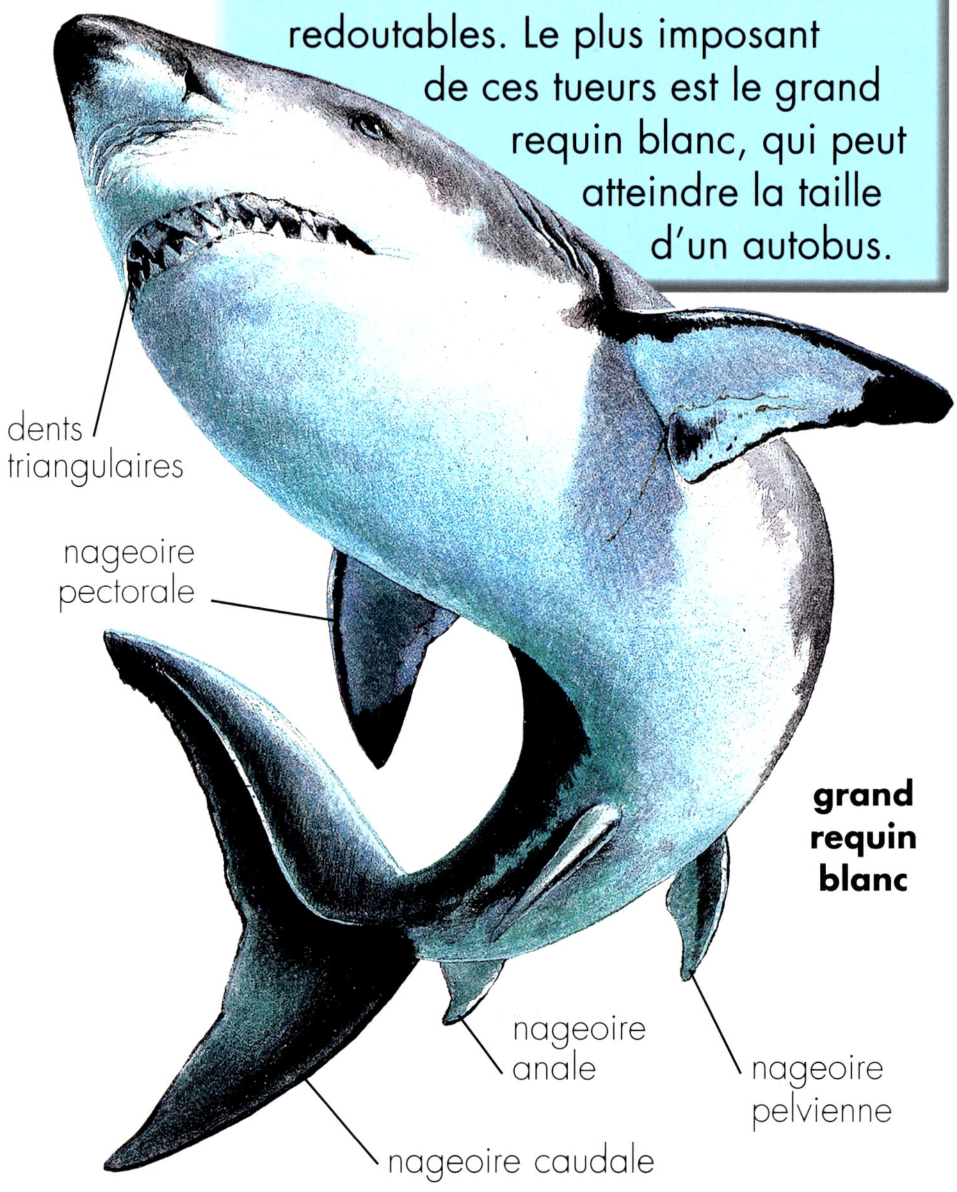

grand requin blanc

Compagnons (3) (4)

Les requins sont rarement seuls. Des poissons pilotes entourent ainsi ce requin pointe blanche. Un rémora s'est collé à son ventre grâce à une ventouse. Ces poissons se nourrissent des restes du repas du requin !

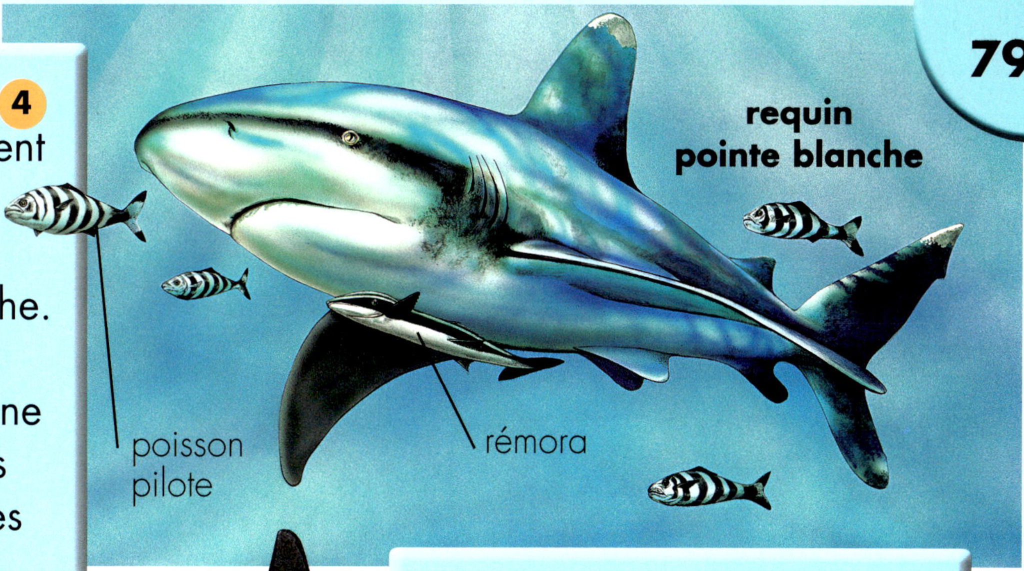

Électrique (5) (6)

Le requin perçoit l'électricité émise par d'autres animaux, et peut ainsi les détecter de loin. Le requin marteau, avec sa large tête, est l'un des plus sensibles à ce système de détection.

Eaux profondes (7) (8)

De nombreux requins n'approchent jamais les côtes. Ainsi, le requin bleu vit dans les profondeurs de la pleine mer, où il chasse poissons et calmars dont il se nourrit.

Les poissons

Les poissons vivent dans les lacs, les rivières, les océans et les mers de toute la planète. Leur taille, leur forme et leur couleur varient à l'infini. On en distingue aujourd'hui environ 20 000 espèces.

1 Les poissons respirent-ils ?

2 Comment sont protégées les branchies ?

3 Les branchies absorbent de l'oxygène. Vrai ou faux ?

4 Comment certains poissons éloignent-ils les prédateurs ?

5 Comment le diodon se protège-t-il ?

6 Replace les lettres PLYSOPE dans l'ordre pour désigner ce qui forme le corail.

7 Comment appelle-t-on un groupe de poissons ?

8 Les gros poissons mangent-ils les petits poissons ?

Respiration

1 2 3

Les poissons respirent par leurs branchies protégées par une paire d'ouïes. Ils avalent de l'eau et l'évacue par les ouïes. Au passage, les branchies absorbent l'oxygène contenu dans l'eau.

Se protéger

4 5

Pour éloigner leurs prédateurs, certains poissons se parent de couleurs vives, d'autres utilisent même du poison. Le diodon avale de l'eau pour devenir très gros et ses piquants se redressent.

Habitat de corail

6 7 8

Les récifs coralliens sont les refuges de milliers d'espèces de poissons. Il s'y nourrissent de minuscules animaux, les polypes, dont le corail est formé. Certains poissons vivent en très grands groupes appelés bancs. Ils se protègent ainsi des attaques de plus gros poissons dont ils sont la proie.

Les manchots

Les manchots vivent en Antarctique, la région glacée située au pôle Sud. Incapables de voler, ces oiseaux pêchent leur nourriture sous l'eau.

1 Replace les lettres ARCQUITTANE dans l'ordre pour trouver le lieu de ponte du manchot.

2 Où les manchots empereurs gardent-ils leurs œufs ?

3 Les manchots sont d'agiles coureurs. Vrai ou faux ?

4 Glissent-ils parfois sur la glace ?

5 Comment nagent-ils ?

6 Combien de temps peuvent-ils rester sous l'eau ?

7 De quoi se nourrissent les manchots ?

8 Où trouvent-ils des crustacés ?

Bien au chaud 1 2

Le manchot empereur hiverne en Antarctique en attendant que son œuf éclose. L'œuf, puis le poussin qui en naît, sont gardés au chaud entre les pattes du père.

Glissades 3 4

À cause de ses petites pattes, le manchot se déplace en se dandinant. Parfois, il se laisse glisser à plat ventre sur la glace.

Ailes ou nageoires ? 5 6

Le manchot est plus à l'aise dans l'eau. Il y nage en battant des ailes, comme s'il volait. Il est capable de rester 15 minutes en plongée sans faire surface.

Dîner sous-marin 7 8

Le manchot se nourrit de poissons, calmars et crustacés vivant dans les profondeurs.

Les échassiers

Perchés sur de longues pattes, les échassiers pêchent en eaux peu profondes. Le rivage abrite des proies telles que poissons, vers et insectes, qui font leurs délices !

1 Que fait la spatule avec son bec ?

2 Où le tourne-pierre trouve-t-il sa nourriture ?

3 Pourquoi les œufs du pluvier sont-ils mouchetés ?

4 Replace les lettres VUIPREL dans l'ordre pour désigner un échassier.

5 Où le héron se tient-il pour pêcher ?

6 Le héron mange-t-il des rats ?

7 Saisit-il sa proie avec ses pattes ?

8 Le bec du héron est très court. Vrai ou faux ?

À la mer 1 2 3 4

A La spatule agite son bec pour fouiller la vase et trouver des poissons.

B Chevalier gambette

C Le tourne-pierre retourne des pierres pour trouver sa nourriture.

D Le pluvier pond des œufs mouchetés, qui se confondent avec les galets du rivage.

E Échasse blanche

F L'avocette remue l'eau de son long bec recourbé.

Bonne pêche 5 6 7 8

Le héron pêche au bord du rivage, guettant le passage d'un poisson. Puis, à la vitesse de l'éclair, il projette sa tête et son grand cou en avant, et happe sa proie de son long bec.

Coquillages et crustacés

1 Pourquoi les coquillages ont-ils une coquille dure ?

2 Sont-elles toutes d'une seule pièce ?

3 Les crustacés ont-ils des antennes ?

4 Qu'est-ce qui protège les crustacés ?

5 Replace les lettres SALUQEF dans l'ordre pour désigner un refuge à marée basse.

6 Pourquoi certains coquillages s'accrochent-ils aux rochers ?

7 La moule est un coquillage. Vrai ou faux ?

8 Quel est l'autre nom de la patelle ?

Coquillages et crustacés vivent dans les eaux des mers et des rivières, mais ce ne sont pas des poissons. Les coquillages abritent des mollusques, animaux sans squelette, et les crustacés sont protégés par une carapace.

Coquillages

1 2

Les coquillages sont constitués d'un mollusque et d'une coquille dure qui le protège. Certains sont d'une seule pièce. D'autres, les bivalves, sont formés de deux parties, comme les huîtres.

Crustacés

3 4

Les crustacés possèdent deux paires d'antennes. Certains, comme les crabes, ont des pinces. Leur corps et leur tête sont protégés par une carapace dure.

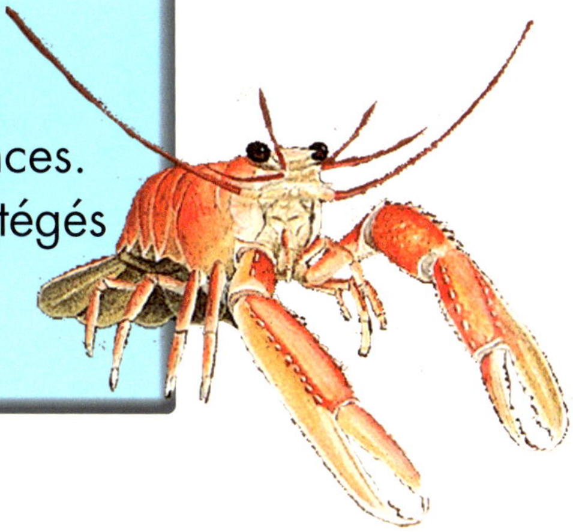

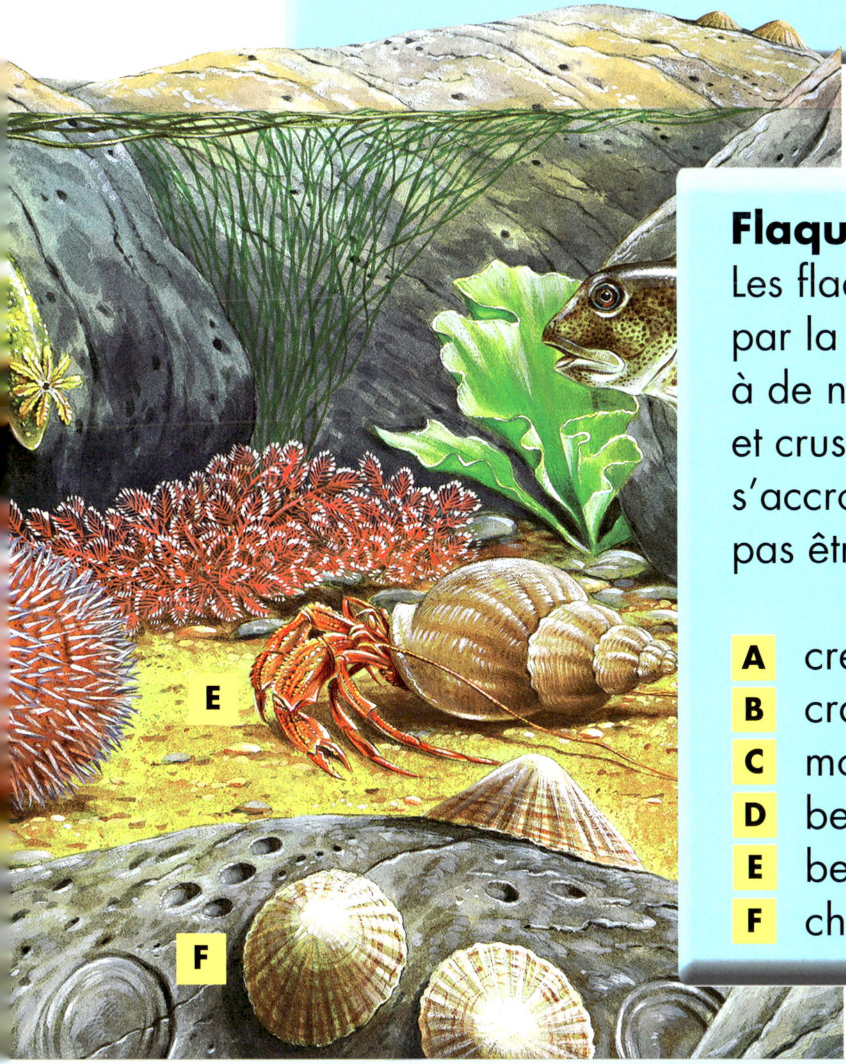

Flaques habitées

5 6 7 8

Les flaques d'eau laissées par la marée offrent un refuge à de nombreux coquillages et crustacés. Certains coquillages s'accrochent aux rochers pour ne pas être emportés par les vagues.

- **A** crevette
- **B** crabe
- **C** moule
- **D** bernacle
- **E** bernard-l'ermite
- **F** chapeau chinois ou patelle

Les animaux DE LA MER

Infos-surprises

1 Le plus grand mammifère du monde se trouve dans la mer ! C'est la baleine bleue. Elle peut atteindre 30 mètres de long.

2 La plupart des animaux des océans se nourrissent de minuscules créatures vivant en suspension dans l'eau : le plancton.

3 En mer, l'animal le plus rapide est l'espadon-voilier. Il est capable de nager à 110 kilomètres à l'heure.

4 Le plus grand poisson du monde est le requin-baleine. Il peut mesurer jusqu'à 15 mètres de long.

5 L'iguane marin est le seul iguane capable de se nourrir dans la mer.

6 La plus grande méduse connue mesurait 2,30 mètres de diamètre et ses tentacules 36,50 mètres de long.

7 Le serpent marin noir et jaune est le seul reptile marin à mettre au monde ses petits vivants dans l'eau.

8 Le plus grand coquillage est le bénitier géant. Il peut mesurer plus d'1 mètre de long et peser 250 kilos.

9 La Grande Barrière, au large de l'Australie, est le plus grand récif de corail au monde. Elle est visible de l'espace.

10 Chez les hippocampes, c'est le mâle qui donne naissance aux petits.

RÉPONSES

As-tu bien répondu à toutes les questions ?
Les pages suivantes t'aideront à vérifier tes réponses et à tester tes connaissances !

Au temps des

Les dinosaures

pages 8-9

1 Que signifie le mot « dinosaure » ?

« Terrible lézard »

2 Tous les dinosaures étaient petits. Vrai ou faux ?

Faux

3 Combien connaît-on d'espèces ?

Près de 1 000

4 Pondaient-ils tous des œufs ?

Oui

5 Replace les lettres ISARDOUSENS dans l'ordre pour trouver le sujet de cette page.

Dinosaures

6 Quels noms désignent les deux grands groupes de dinosaures ?

Saurischiens et ornithischiens

7 Comment était leur peau ?

Écailleuse

8 *Coelophysis* courait-il sur ses quatre pattes ?

Non

Dinosaures carnivores

pages 10-11

1 Où *Allosaurus* vivait-il ?

En Amérique du Nord

2 Comment tuait-il ses proies ?

Avec ses dents tranchantes

3 Quand *Albertosaurus* a-t-il vécu ?

Il y a 70 millions d'années

4 Il se déplaçait lentement. Vrai ou faux ?

Faux

5 *Deinonychus* chassait-il de petits animaux ?

Non

6 Chassait-il seul ?

Non

7 Que signifie le mot *Deinonychus* ?

« Griffe redoutable »

8 Replace les lettres FIGFER dans l'ordre pour désigner une arme redoutable.

Griffe

DINOSAURES

Tyrannosaurus

pages 12-13

1 *Tyrannosaurus* se nourrissait-il d'animaux morts ?

Oui

2 Comment trouvait-il ses proies ?

Grâce à son odorat

3 Se tenait-il sur ses pattes avant ou arrière ?

Sur ses pattes arrière

4 *Tyrannosaurus* était un excellent coureur. Vrai ou faux ?

Faux

5 Replace les lettres SCORC ÉNERCLES dans l'ordre pour désigner ses terribles armes.

Crocs crénelés

6 Que signifie le mot *Tyrannosaurus* ?

« lézard tyran »

7 Quand a-t-il vécu ?

Il y a 70 millions d'années

8 Où a-t-on trouvé le plus grand nombre de fossiles de *Tyrannosaurus* ?

En Amérique du Nord

Dinosaures herbivores

pages 14-15

1 *Apatosaurus* était plus gros qu'une baleine bleue. Vrai ou faux ?

Faux

2 Combien mesurait-il ?

23 m

3 Replace les lettres TROUGUESSAS dans l'ordre pour trouver le nom d'un herbivore.

Stegosaurus

4 À quoi servaient les plaques dorsales de *Stegosaurus* ?

À réguler sa température

5 Que trouvait-on au bout de sa queue ?

Des pointes

6 Que signifie le mot *Triceratops* ?

« Visage à trois cornes »

7 À quoi ses cornes servaient-elles ?

À repousser ses assaillants

8 Qu'est-ce qui protégeait son cou des morsures ?

Une collerette

Brachiosaurus

pages 16-17

1 Replace les lettres FLESEULI et HERCBANS dans l'ordre pour désigner la nourriture de *Brachiosaurus*.

Feuilles et branches

2 Ses dents s'usaient lentement. Vrai ou faux ?

Faux

3 Où étaient situées ses narines ?

Au sommet de son crâne

4 Ses narines renforçaient-elles son odorat ?

Peut-être

5 Quel était peut-être leur autre usage ?

Émettre des sons

6 Combien pesait *Brachiosaurus* ?

Jusqu'à 30 tonnes

7 *Brachiosaurus* était-il petit ?

Non

8 Quelle était sa longueur ?

23 m

Les reptiles marins

pages 18-19

1 *Archelon* était une tortue. Vrai ou faux ?

Vrai

2 Était-elle de petite taille ?

Non

3 Combien pesait-elle ?

2 tonnes

4 Quel reptile marin était proche du dauphin ?

L'ichtyosaure

5 À quoi ressemblait un plésiosaure ?

À un phoque

6 Que mangeait *Placodus* ?

Des coquillages

7 *Globidens* avait des dents plates. Vrai ou faux ?

Faux

8 Replace les lettres HOURASONTE dans l'ordre pour nommer un reptile marin aux dents pointues.

Nothosaure

Les reptiles volants

pages 20-21

1 Que signifie le mot ptérosaure ?

« Reptile volant »

2 Avaient-ils des plumes sur les ailes ?

Non

3 L'aile se tendait sur un doigt. Vrai ou faux ?

Vrai

4 Où vivaient certains ptérosaures ?

Sur des falaises

5 Comment attrapaient-ils leurs proies ?

Ils piquaient dans les flots.

6 Dimorphodon était-il capable de courir ?

Oui

7 Replace les lettres CENTISES dans l'ordre pour désigner ce qu'il mangeait.

Insectes

8 Quel est le nom du plus grand animal volant ?

Quetzalcoalus

Premiers mammifères

pages 22-23

1 Replace les lettres RISUPAUMAX dans l'ordre pour désigner une espèce de mammifères.

Marsupiaux

2 Où grandissent leurs petits ?

Dans une poche

3 Trouve-t-on encore des marsupiaux ?

Oui

4 Des mammifères vivaient à l'époque des dinosaures. Vrai ou faux ?

Vrai

5 Ont-ils disparu avec les dinosaures ?

Non

6 Dévoraient-ils les œufs des dinosaures ?

Oui

7 Les dinosaures avaient-ils des poils ?

Non

8 Le pelage d'un mammifère lui tient-il chaud ?

Oui

Les animaux

Les éléphants

pages 26-27

1 Qu'est-ce qu'une horde?

Un troupeau d'éléphants

2 Qui a la charge de cette horde?

Les femelles

3 De quoi sont faites les défenses?

D'ivoire

4 Peut-on dresser un éléphant?

Oui

5 Replace les lettres BHANANIL dans l'ordre pour nommer un célèbre général.

Hannibal

6 Les éléphants se nourrissent-ils de viande?

Non

7 Ils mangent 16 heures par jour. Vrai ou faux?

Vrai

8 Les plantes constituent-elles une alimentation énergétique?

Non

Les lions

pages 28-29

1 Comment appelle-t-on le pelage épais du cou du lion?

La crinière

2 Lions et lionnes sont-ils de la même taille?

Non

3 Qui chasse le plus souvent?

Les lionnes

4 Comment appelle-t-on les bébés lions?

Les lionceaux

5 Quels membres de la troupe mangent toujours en premier?

Les lions

6 Replace les lettres NEOLINS dans l'ordre pour découvrir qui élève les petits.

Lionnes

7 Un lion ne se bat jamais. Vrai ou faux?

Faux

8 Quel mot désigne son cri?

Rugissement

DU CIEL ET DE LA TERRE

Les tigres

pages 30-31

1 Pourquoi les tigres sont-ils rayés ?

Pour se cacher

2 Marchent-ils bruyamment ?

Non

3 Replace les lettres SIGRETES dans l'ordre pour nommer la femelle.

Tigresse

4 Combien de temps les jeunes restent-ils avec leur mère ?

Deux ans

5 Les tigres vivent-ils en groupe ?

Non

6 Comment marquent-ils leur territoire ?

Ils griffent les arbres.

7 Les tigres attaquent par surprise. Vrai ou faux ?

Vrai

8 Comment tuent-ils leur proie ?

Ils plantent leurs crocs dans sa gorge.

Les loups

pages 32-33

1 De quel petit animal, par exemple, les loups se nourrissent-ils ?

De lièvres

2 Pourquoi chassent-ils en meute ?

Pour tuer de grosses proies

3 Replace les lettres RURCOI dans l'ordre pour designer un de leurs talents.

Courir

4 Quelle vitesse atteignent-ils ?

45 km/heure

5 Comment appelle-t-on un groupe de loups ?

Une meute

6 Seul un couple peut avoir des petits. Vrai ou faux ?

Vrai

7 Pourquoi les loups hurlent-ils ?

Pour communiquer

8 À quelle distance s'entend ce cri ?

10 km à la ronde

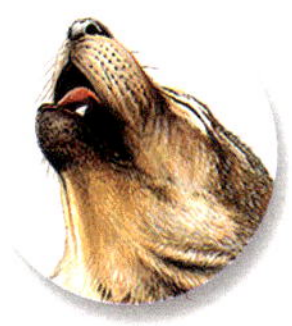

Les oiseaux coureurs

pages 34-35

1 Le casoar vit dans le désert. Vrai ou faux ?

Faux

2 Replace les lettres SACQUE dans l'ordre pour désigner l'os qui coiffe sa tête.

Casque

3 À quoi cette bosse lui sert-elle ?

À repousser les branches

4 De quels aliments se nourrit l'émeu ?

De pousses, de fleurs, et d'insectes.

5 Pourquoi l'émeu parcourt-il de longues distances ?

Pour trouver del'eau

6 Quel est le plus gros oiseau du monde ?

L'autruche

7 Sur quel continent vit l'autruche ?

En Afrique

8 Comment échappe-t-elle au danger ?

En s'enfuyant très vite

Les ours

pages 36-37

1 Les ours savent-ils grimper aux arbres ?

Oui

2 Quel ours possède les plus longues griffes ?

L'ours brun

3 Les ours détestent le poisson. Vrai ou faux ?

Faux

4 Où pêchent-ils ?

Dans les torrents

5 Sont-ils capables d'attraper les poissons avec leurs dents ?

Oui

6 Les ours mangent-ils des noisettes ?

Oui

7 Aiment-ils le miel ?

Oui

8 Replace les lettres CUREH dans l'ordre pour découvrir où l'on trouve du miel.

Ruche

Le grand panda

pages 38-39

1 Les oreilles du grand panda sont-elles parfois blanches ?

Non

2 Replace les lettres MAUBOB dans l'ordre pour nommer la plante qu'il mange.

Bambou

3 Le panda dort-il dans une tanière ?

Non

4 Que trouve-t-on sur son poignet ?

Un sixième doigt

5 La femelle a-t-elle beaucoup de petits ?

Non

6 Dans quel pays vit le grand panda ?

En Chine

7 Les pandas sauvages sont-ils nombreux ?

Non

8 Ils habitent dans les montagnes. Vrai ou faux ?

Vrai

L'ours polaire

pages 40-41

1 La fourrure de l'ours polaire est-elle blanche ?

Non, elle est transparente.

2 À quoi sert la couche de graisse sous sa fourrure ?

À survivre lorsqu'il ne trouve pas de nourriture.

3 Replace les lettres IRENATÈ dans l'ordre pour désigner le lieu où naissent les petits.

Tanière

4 Combien de temps y restent-ils ?

Trois à quatre mois

5 Que mange l'ourse lorsqu'elle allaite ses oursons ?

Rien

6 Que chasse l'ours polaire ?

Des phoques

7 Avec quoi assomme-t-il les phoques ?

Avec sa patte

8 Ses pattes sont griffues. Vrai ou faux ?

Vrai

Dans la jungle

pages 42-43

1 Pourquoi défriche-t-on les jungles ?

Pour établir des fermes

2 Comment s'explique la disparition de certains animaux de la jungle ?

Ils n'ont plus de lieux où vivre.

3 Les rhinocéros de Java sont-ils nombreux ?

Non

4 Combien de cornes le rhinocéros de Java porte-t-il ?

Une corne

5 Que mange le toucan ?

Des fruits

6 Replace les lettres BOICLIR dans l'ordre pour trouver le nom d'un oiseau.

Colibri

7 Le paresseux se déplace la tête en bas. Vrai ou faux ?

Vrai

8 Où l'ocelot chasse-t-il ?

Au niveau du sol

Les singes

pages 44-45

1 Où trouve-t-on des gorilles sauvages ?

En Afrique

2 Quel grand singe habite en Asie du Sud-est ?

L'orang-outan

3 Quel est le primate le plus courant au monde ?

L'être humain

4 Quand le singe hurleur lance-t-il son cri ?

Au petit matin

5 Quelle est la portée de ce cri ?

3 km

6 Où le larynx du singe hurleur est-il situé ?

Dans sa gorge

7 Replace les lettres MILLRAND dans l'ordre pour désigner un singe au visage coloré.

Mandrill

8 À quoi servent ces couleurs ?

Pour effrayer leurs ennemis

À la ferme

pages 46-47

1 Les coqs pondent-ils des œufs ?

Non

2 Comment appelle-t-on la femelle du coq ?

La poule

3 D'où vient la laine ?

De la toison des moutons

4 Quelle race de vaches produit du lait ?

La jersiaise

5 Replace les lettres RIEJSIEAS dans l'ordre pour nommer une race de vaches.

Jersiaise

6 Quelle est la particularité de la Highland ?

Son long et épais pelage

7 Que fabrique-t-on avec la viande des cochons ?

Du lard, des rôtis, du boudin, du jambon

8 Comment appelle-t-on la femelle du cochon ?

La truie

Les chiens

pages 48-49

1 Que signifie le mot carnivore ?

Qui mange de la viande

2 À quoi les dents des chiens leur servent-elles ?

À déchiqueter de la viande

3 Les chiens n'ont aucun odorat. Vrai ou faux ?

Faux

4 Combien une chienne peut-elle avoir de petits en une seule fois?

12

5 À quel âge un chien est-il adulte ?

Deux ou trois ans

6 Quand les chiens ont-ils commencé à vivre avec l'homme ?

Il y a 15 000 ans

7 Qu'est-ce qu'un bâtard ?

Un chien né d'un mélange de races.

8 Replace les lettres DLOBLGU dans l'ordre pour désigner une race.

Bulldog

Les chats

pages 50-51

1 Les chats chassent les oiseaux. Vrai ou faux ?

Vrai

2 Leurs griffes se rétractent-elles ?

Oui

3 Comment la chatte nettoie-t-elle ses chatons ?

En les léchant

4 Que fait un chat content ?

Il ronronne.

5 De quel animal sauvage est-il un proche cousin ?

Du chat sauvage d'Afrique

6 Certains chats sont blancs. Vrai ou faux ?

Vrai

7 Ont-ils tous un pelage uni ?

Non

8 Replace les lettres NARPES dans l'ordre pour désigner une race de chats.

Persan

Les chevaux

pages 52-53

1 Quelle compétition consiste à sauter des haies ?

Le concours hippique

2 Les haies sont très basses. Vrai ou faux ?

Faux

3 Un poulain est-il capable de trotter peu après sa naissance ?

Oui

4 Replace les lettres EARYNIGL dans l'ordre pour nommer les poulains âgés d'un an.

Yearling

5 Quel est le plus grand cheval ?

Le cheval Shire

6 Où mesure-t-on la taille d'un cheval ?

Au garrot

7 Les chevaux aident-ils à rassembler du bétail ?

Oui

8 Qui fait des rondes à cheval ?

La police

Les crocodiles

pages 54-55

1 Pourquoi les crocodiles ont-ils besoin de soleil ?

Pour faire le plein d'énergie

2 Où les crocodiles se rafraîchissent-ils ?

Dans l'eau ou à l'ombre

3 Où se cachent-ils pour guetter leurs proies ?

Sous l'eau

4 Qu'est-ce qui protège leurs yeux sous l'eau ?

Des paupières transparentes

5 Les crocodiles noient-ils leurs proies ?

Oui

6 Replace les lettres AORLTIGLA dans l'ordre pour désigner un de leurs cousins.

Alligator

7 L'alligator a-t-il une gueule fine ?

Non

8 Quand la gueule du crocodile est fermée, une de ses dents dépasse. Vrai ou faux ?

Vrai

Les serpents

pages 56-57

1 Les œufs de serpent sont-ils rigides ?

Non

2 Comment le bébé serpent sort-il de sa coquille ?

Il la déchire avec une dent provisoire.

3 Le corps des serpents est couvert d'écailles. Vrai ou faux ?

Vrai

4 Changent-ils de peau ?

Oui

5 Tous les serpents sont-ils venimeux ?

Non

6 Replace les lettres CHORTECS dans l'ordre pour désigner une arme redoutable.

Crochets

7 Les serpents ont-ils une bonne vue ?

Non

8 Comment repèrent-ils leurs proies ?

Grâce à leur odorat ou en détectant la chaleur du corps de leur victime.

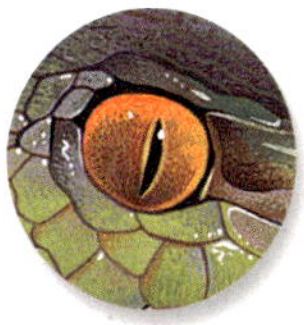

Les grenouilles

pages 58-59

1 Où la grenouille pond-elle ses œufs ?

Dans les rivières et les étangs

2 Replace les lettres TADRÊT dans l'ordre pour découvrir à quoi les œufs donnent naissance.

Têtard

3 Les têtards respirent-ils ?

Oui

4 Quand les grenouilles sortent-elles de l'eau ?

Lorsqu'elle est devenue adulte.

5 Pourquoi certaines grenouilles sont-elles de couleurs vives ?

Pour effrayer leurs prédateurs

6 Où vivent ces grenouilles ?

En Amérique latine

7 Une petite grenouille peut faire un bond de plus d'un mètre. Vrai ou faux ?

Vrai

8 Comment la grenouille se dirige-t-elle durant le saut ?

Grâce à ses pattes palmées.

Les insectes

pages 60-61

1 Les insectes ont-ils des os ?

Non

2 Leur corps est divisé en 2 parties. Vrai ou faux ?

Faux

3 La punaise d'eau géante nage-t-elle avec ses pattes ?

Oui

4 Comment attrape-t-elle les poissons ?

Avec ses griffes

5 À quoi servent les mandibules du lucane ?

À se battre

6 Replace les lettres NANSTENE dans l'ordre pour désigner des éléments communs à tous les insectes.

Antennes

7 Combien de pattes ont les insectes ?

Six

8 Ont-ils des ailes ?

Oui, quatre

Les fourmis

pages 62-63

1 Où vivent les fourmis tisserandes ?

Dans les arbres

2 Comment appelle-t-on les bébés fourmis ?

Des larves

3 Que fabriquent-elles pour coller les feuilles ?

Une soie gluante

4 Quelles fourmis défendent la fourmilière ?

Les fourmis soldats

5 De quelles armes ces défenseurs disposent-ils ?

De mandibules et d'un aiguillon

6 Quelles fourmis fournissent la nourriture ?

Les fourmis ouvrières

7 Les fourmilières sont souvent sous terre. Vrai ou faux ?

Vrai

8 Replace les lettres EPPU dans l'ordre pour nommer le cocon.

Pupe

Les papillons

pages 64-65

1 Les papillons pondent-ils des œufs ?

Oui

2 Que mangent les chenilles ?

Des feuilles et des fruits

3 Quel nom porte le cocon de soie qu'elles tissent ?

La chrysalide

4 Replace les lettres AUQORMEN dans l'ordre pour désigner un papillon.

Monarque

5 Un papillon de nuit vit le jour. Vrai ou faux ?

Faux

6 Les papillons de jour sont-ils plus colorés ?

Oui

7 Combien le papillon a-t-il d'ailes ?

Deux paires

8 Comment s'appelle la bouche d'un papillon ?

La trompe

Les oiseaux

pages 66-67

1 À quoi sert le bec des oiseaux ?

À attraper et avaler leur nourriture

2 Un bec crochu permet de fouiller le sol. Vrai ou faux ?

Faux

3 Les oiseaux sont-ils de bons parents ?

Oui

4 Où les oiseaux bâtissent-ils leur nid ?

En lieu sûr

5 Comment la femelle garde-t-elle ses œufs au chaud ?

En les couvant

6 D'autres animaux portent des plumes. Vrai ou faux ?

Faux

7 Les plumes sont-elles lourdes et fragiles ?

Non

8 Replace les lettres PADREURÉT dans l'ordre pour trouver qui est effrayé par les plumes colorées de certains oiseaux.

Prédateur

On trouve des oiseaux sur tous les continents, des glaces de l'Arctique aux déserts les plus arides. Certains oiseaux de l'hémisphère nord parcourent chaque année des milliers de kilomètres pour passer l'hiver dans des régions plus chaudes, au sud : c'est la migration.

Les animaux DE LA MER

La baleine bleue

pages 70-71

1 La baleine bleue est un poisson. Vrai ou faux ?

Faux

2 Comment s'appelle la narine située sur sa tête ?

L'évent

3 À quoi peut-on comparer son poids ?

À un troupeau de 30 éléphants

4 Quelle quantité de nourriture peut-elle avaler en un jour ?

Quatre tonnes

5 De quoi se nourrit-elle ?

De krill

6 Replace les lettres SONFAN dans l'ordre pour désigner les brosses situées dans sa gueule.

Fanons

7 Comment s'appelle le petit de la baleine ?

Le baleineau

8 Sait-il nager ?

Oui

Les dauphins

pages 72-73

1 Où se trouve le melon du dauphin ?

sur son front

2 Le melon est une sorte de radar. Vrai ou faux ?

Vrai

3 À quoi sert-il ?

À communiquer, repérer les proies et à se diriger

4 Le corps du dauphin ressemble-t-il à celui d'un poisson ?

Oui

5 Grâce à quoi les dauphins sont-ils de grands nageurs ?

Grâce à leur corps fuselé

6 Les dauphins sont-ils joueurs ?

Oui

7 Chassent-ils seuls ?

Non

8 Replace les lettres VENÉT dans l'ordre pour désigner ce qui leur permet de respirer.

Évent

L'orque

pages 74-75

1 L'orque chasse-t-elle des baleines ?

Oui

2 Replace les lettres ÉDAPLAUR dans l'ordre pour désigner l'autre nom de l'orque.

Épaulard

3 Les orques vivent-elles en groupe ?

Oui

4 Qui possède un aileron dorsal recourbé ?

La femelle

5 L'aileron dorsal du mâle est petit. Vrai ou faux ?

Faux

6 À quoi peut-on reconnaître une orque ?

À la forme de son aileron

7 Peut-on dresser les orques ?

Oui

8 Les orques sont-elles capables de bondir hors de l'eau ?

Oui

Les phoques

pages 76-77

1 Les bébés phoques savent-ils nager ?

Non

2 Pourquoi leur pelage est-il blanc ?

Pour se confondre avec la banquise

3 L'éléphant de mer est le plus grand des phoques. Vrai ou faux ?

Vrai

4 L'éléphant de mer est-il plus grand qu'une voiture ?

Non

5 Pourquoi est-il appelé ainsi ?

À cause de son grand nez

6 À quoi reconnaît-on un phoque du Groenland ?

Aux deux taches noires sur son corps

7 Replace les lettres SCUCATRÉS dans l'ordre pour désigner un de ses aliments.

Crustacés

8 Le phoque du Groenland chasse-t-il en groupe ?

Non

Les requins

pages 78-79

1 De quoi la gueule des requins est-elle armée ?

de dents redoutables

2 Quel est le nom du plus grand des requins ?

Le grand requin blanc

3 Le rémora se colle au requin grâce à une ventouse. Vrai ou faux ?

Vrai

4 Que mangent les poissons pilotes ?

Les restes du repas du requin

5 Un requin peut-il détecter l'électricité d'autres animaux ?

Oui

6 Le requin marteau a-t-il une tête fine ?

Non

7 Où vit le requin bleu ?

Dans les profondeurs de la pleine mer

8 Replace les lettres ARCLAM dans l'ordre pour désigner une de ses proies.

Calmar

Les poissons

pages 80-81

1 Les poissons respirent-ils ?

Oui

2 Comment sont protégées les branchies ?

Par une paire d'ouïes

3 Les branchies absorbent de l'oxygène. Vrai ou faux ?

Vrai

4 Comment certains poissons éloignent-ils les prédateurs ?

En se parant de couleurs vives ou en utilisant du poison.

5 Comment le diodon se protège-t-il ?

Il avale de l'eau pour grossir et redresse ses piquants.

6 Replace les lettres PLYSOPE dans l'ordre pour désigner ce qui forme le corail.

Polypes

7 Comment appelle-t-on un groupe de poissons ?

Un banc

8 Les gros poissons mangent-ils les petits poissons ?

Oui

Les manchots

pages 82-83

1 Replace les lettres ARCQUITTANE dans l'ordre pour trouver le lieu de ponte du manchot.

Antarctique

2 Où les manchots empereurs gardent-ils leurs œufs ?

Entre leurs pattes

3 Les manchots sont d'agiles coureurs. Vrai ou faux ?

Faux

4 Glissent-ils parfois sur la glace ?

Oui

5 Comment nagent-ils ?

En battant des ailes

6 Combien de temps peuvent-ils rester sous l'eau ?

15 minutes

7 De quoi se nourrissent les manchots ?

De poissons, calmars et crustacés

8 Où trouvent-ils des crustacés ?

Dans les profondeurs de la mer

Les échassiers

pages 84-85

1 Que fait la spatule avec son bec ?

Elle fouille la vase.

2 Où le tourne-pierre trouve-t-il sa nourriture ?

Sous les pierres

3 Pourquoi les œufs du pluvier sont-ils mouchetés ?

Pour se confondre avec les galets

4 Replace les lettres VUIPREL dans l'ordre pour désigner un échassier.

Pluvier

5 Où le héron se tient-il pour pêcher ?

Au bord des rivages

6 Le héron mange-t-il des rats ?

Non

7 Saisit-il sa proie avec ses pattes ?

Non

8 Le bec du héron est très court. Vrai ou faux ?

Faux

Coquillages et crustacés

pages 86-87

1 Pourquoi les coquillages ont-ils une coquille dure ?

Pour se protéger

2 Les coquilles sont-elles toutes d'une seule pièce ?

Non

3 Les crustacés ont-ils des antennes ?

Oui

4 Qu'est-ce qui protège les crustacés ?

Une carapace dure

5 Replace les lettres SALUQEF dans l'ordre pour désigner un refuge à marée basse.

Flaques

6 Pourquoi certains coquillages s'accrochent-ils aux rochers ?

Pour ne pas être emportés par les vagues

7 La moule est un coquillage. Vrai ou faux ?

Vrai

8 Quel est l'autre nom de la patelle ?

Le chapeau chinois

Le plus grand crustacé est le crabe du Japon, ses pattes peuvent mesurer plus de 3 m de long. Il existe des milliers d'espèces de crustacés. Certains vivent hors de l'eau, comme les cloportes ou les crabes terrestres.

Index

Remerciements

L'éditeur remercie tous ceux qui l'ont autorisé à reproduire leurs images.
Tous les efforts ont été entrepris pour retrouver les détenteurs des droits de copyright.
Cependant, s'il y a eu quelques omissions ou erreurs, nous nous en excusons et nous nous assurerons, si nous en sommes informés, que ces corrections soient apportées dans les prochaines éditions.

Page 12 Corbis/Louie Psihoyos ; 35 Shutterstock/Cre8tive Images ; 39 Corbis/Keren Su ; 41 Ardea/M. Watson ; 48 Shutterstock/iofoto ; 61 Shutterstock/Tomasz Pietryszek ; 67 Corbis 72 – 73 Alamy/Steve Bloom Images